KUHARICA ZA ZLOŽENE IN HRUSTLJAVE VAFLJE IN PALAČINKE

100 PUHASTIH, ZLATIH UŽITKOV ZA ZAJTRK IN IZVEN

Ivanka Vidmar

Vse pravice pridržane.

Zavrnitev odgovornosti

Informacije v tej e-knjigi naj bi služile kot obsežna zbirka strategij, o katerih je avtor te e-knjige raziskal. Povzetki, strategije, nasveti in triki so le priporočilo avtorja in branje te e-knjige ne zagotavlja, da bodo rezultati natančno odražali rezultate avtorja. Avtor e-knjige se je po svojih najboljših močeh trudil zagotoviti aktualne in točne informacije za bralce e-knjige. Avtor in njegovi sodelavci ne odgovarjajo za morebitne ugotovljene nenamerne napake ali pomanjkljivosti. Gradivo v e-knjigi lahko vključuje informacije tretjih oseb. Gradiva tretjih oseb so sestavljena iz mnenj, ki so jih izrazili njihovi lastniki. Kot tak avtor e-knjige ne prevzema odgovornosti za gradivo ali mnenja tretjih oseb. Bodisi zaradi napredka interneta ali nepredvidenih sprememb v politiki podjetja in smernicah za uredniško oddajo, lahko tisto, kar je v času tega pisanja navedeno kot dejstvo, kasneje postane zastarelo ali neuporabno.

E-knjiga je avtorsko zaščitena © 2024 z vsemi pravicami pridržanimi. Nadaljnja distribucija, kopiranje ali ustvarjanje izpeljanega dela iz te e-knjige v celoti ali delno je nezakonito. Nobenega dela tega poročila ni dovoljeno reproducirati ali ponovno prenašati v kakršni koli reproducirani ali ponovno posredovani obliki brez pisnega in podpisanega dovoljenja avtorja.

KAZALO VSEBINE

KAZALO VSEBINE..4

UVOD..8

VAFLJI...10

   1. Muflji z borovnicami in cimetom............................11
   2. Vafljana šunka in topljeni sir....................................14
   3. Vafelj Hash Browns z rožmarinom..........................17
   4. Zelene čilske vafljane Quesadillas...........................20
   5. Kubanski sendvič z vaflji..22
   6. Vafljani Croque Madame...25
   7. Klasični vafelj burger s sirom...................................28
   8. Vafljana goba Portobello..31
   9. Vafljan Filet Mignon..34
   10. Francoski toast, polnjen s čokolado......................38
   11. Špageti in vafljane mesne kroglice.........................41
   12. Vafljani makaroni in sir..46
   13. Wavioli s popečenim sirom.....................................49
   14. Vafljani njoki iz sladkega krompirja......................53
   15. Pierogi iz stisnjenega krompirja in sira.................57
   16. Vaflji Falafel & Humus...61
   17. Solata Niçoise iz vafljeve tune................................64
   18. Križane rakovice..69
   19. Waffled Soft-Shell Crab..72
   20. Vafljana tamale pita..74
   21. Vafljani mehiški migas..78
   22. Waffled Shrimp Wontons..81
   23. Cheesy Waffled Arancini...85
   24. Ocvrtki iz bučk in parmezana.................................88
   25. Waffled Tostones..91

26. Vafelj krompirček...95
27. Vafljani čebulni obročki.......................................98
28. Vafljani ovseni piškoti..101
29. Red Velvet Ice Cream Waffle..............................104
30. Vafljan bananin kruh..108
31. Vafljani S'mores...112
32. Vaflji iz koruzne moke iz pinjenca.....................115
33. Čokoladni vaflji..118
34. Vaflji s poširano rabarbaro...............................122
35. Vaflji s tremi siri...126
36. Vaflji iz pinjenca..129
37. Belgijski vaflji..132
38. Večzrnati vaflji...135
39. Ajdovi vaflji..138
40. Vaflji s sadjem in javorjevim sirupom...............141
41. Vaflji s polento in drobnjakom..........................144
42. Začinjeni vaflji s sirom......................................147
43. Piščanec in vaflji...150
44. Vaflji z limono in makom...................................154
45. Vaflji z rikoto in malinami..................................157
46. Bananini vaflji..160
47. Čokoladni vaflji..163
48. Vaflji s cimetom in sladkorjem..........................166
49. Vaflji z jagodno torto...169

PALAČINKE..172

50. Rdeče žametne palačinke.................................173
51. Palačinke iz temne čokolade............................176
52. Ananasove obrnjene palačinke........................180
53. Limonine meringue palačinke..........................183
54. Palačinke s cimetovimi zvitki...........................187
55. Kefirjeve palačinke..191
56. Skutine palačinke..194
57. Ovsene palačinke..197

58. Palačinke iz 3 sestavin..................200
59. Palačinke z mandljevim maslom..............203
60. Tiramisu palačinke........................207
61. Limonino borovničeve palačinke............211
62. Kvinojine palačinke.......................215
63. Ovsene palačinke z grškim jogurtom........218
64. Palačinke iz medenjakov...................221
65. Palačinke z grškim jogurtom...............224
66. Palačinke iz ovsenih kosmičev in rozin....227
67. Palačinke iz arašidovega masla in želeja..231
68. Palačinke s slanino.......................234
69. Malinove mandljeve palačinke..............238
70. Palačinke iz arašidov, banan in čokolade..242
71. Vanilijeve kokosove palačinke.............245
72. Čokoladno kokosove mandljeve palačinke....249
73. Palačinke iz jagodne torte................253
74. Palačinke iz skodelice arašidovega masla..257
75. Mehiške čokoladne palačinke...............260
76. Rojstnodnevne palačinke presenečenja......263
77. Zelene pošastne palačinke.................266
78. Vanilijeve matcha palačinke...............269
79. Piña colada palačinke.....................272
80. Češnjeve mandljeve palačinke..............275
81. Ključne limetine palačinke................278
82. Palačinke z bučnimi začimbami.............281
83. Čokoladno bananine palačinke..............284
84. Vanilijeve mandljeve palačinke............287
85. Funky opičje palačinke....................290
86. Vanilijeve palačinke......................293
87. Borovničeve mango palačinke...............296
88. Mocha palačinke...........................299
89. Čaj palačinke.............................302
90. Palačinke iz korenčkove torte.............306
91. Medene bananine palačinke.................309

92. Bananine borovničeve palačinke...................312
93. Jabolčno cimetove palačinke.......................315
94. Jagodne cheesecake palačinke....................318
95. Borovničeve palačinke................................321
96. Jagodne bananine palačinke.......................324
97. Breskve in smetanove palačinke..................327
98. Palačinke iz bananinega kruha....................330
99. Tropske palačinke......................................333
100. Popolne palačinke....................................337

ZAKLJUČEK...**340**

UVOD

Odločitev, ali si za zajtrk privoščiti slast palačink ali vafljev, je lahko za marsikoga izziv.

Seveda mora izbrani zajtrk kot najpomembnejši obrok dneva napajati vašo energijo za dnevne aktivnosti.

Palačinke in vaflji so vsestranske možnosti, v katerih lahko uživate z izborom sladkih in slanih prelivov.

Kljub podobnim načinom uživanja in sestavinam, ki se uporabljajo za njihovo pripravo, palačinke in vaflji niso enaki.

Popolno pečene palačinke morajo imeti hrustljav rob in puhasto sredico. Po drugi strani pa imajo vaflji hrustljavo zunanjost in sredico za žvečenje.

Tudi vidno sta drugačna. Palačinke so vedno okrogle, vaflji pa so lahko okrogli ali kvadratni.

Če vas zanima, po čem se vaflji in palačinke razlikujejo med seboj, je ta knjiga za vas!

VAFLJI

1. Muflji z borovnicami in cimetom

IZDELEK: Približno 16 muflov

Sestavine

- 2 skodelici večnamenske moke
- $\frac{1}{4}$ skodelice granuliranega sladkorja
- 1 čajna žlička mletega cimeta
- $\frac{1}{2}$ čajne žličke soli
- 2 žlički pecilnega praška
- 2 skodelici mleka, pri sobni temperaturi
- 8 žlic (1 palčka) nesoljenega masla, stopljenega
- 2 veliki jajci
- 1 skodelica zamrznjenih gozdnih borovnic
- Sprej za kuhanje proti prijemanju

Navodila

a) Segrejte pekač za vaflje na srednji temperaturi.

b) V srednje veliki skledi zmešajte moko, sladkor, cimet, sol in pecilni prašek.

c) V veliki skledi zmešajte mleko, maslo in jajca ter stepajte, dokler se popolnoma ne premešajo.

d) Dodajte suhe sestavine v mlečno mešanico in mešajte, dokler se le ne poveže.

e) Zložite borovnice in nežno premešajte, da se enakomerno porazdelijo.

f) Obe strani rešetke pekača za vaflje premažite s pršilom proti prijemanju in vlijte približno $\frac{1}{4}$ skodelice mešanice v vsak del pekača za vaflje. Zaprite pokrov in kuhajte 4 minute ali dokler ni ravno zlato rjava.

g) Odstranite mufle iz pekača za vaflje in pustite, da se nekoliko ohladijo na rešetki. Ponovite korak 6 s preostalim testom.

h) Postrežemo toplo.

2. Vafljana šunka in topljeni sir

IZDELEK: Za 1 osebo

Sestavine

- 1 žlica nesoljenega masla, pri sobni temperaturi
- 2 rezini sendvič kruha
- 2 unči sira Gruyère, narezanega
- 3 unče Schwarzwaldske šunke, narezane na rezine
- 1 žlica javorjevega masla

Navodila

a) Segrejte pekač za vaflje na nizki ravni.

b) Eno stran vsakega kosa kruha namažite s tanko, enakomerno plastjo masla.

c) Na nenamazano stran ene rezine kruha položite sir in šunko, sendvič z odprtim obrazom pa postavite v pekač za vaflje čim dlje od tečaja.

d) Na vrh položite drugo rezino kruha z masleno stranjo navzgor in zaprite pekač za vaflje.

e) Po 3 minutah preverite sendvič. Približno na polovici boste morda morali sendvič obrniti za 180 stopinj, da zagotovite enakomeren pritisk in kuhanje.

f) Če želite, lahko nekoliko pritisnete na pokrov pekača za vaflje, da stisnete sendvič, vendar to storite previdno - pokrov je lahko zelo vroč. Odstranite sendvič iz pekača za vaflje, ko je kruh zlato rjav in je sir stopljen.

g) Zunanjost sendviča namažite z javorjevim maslom. Diagonalno prerežite na pol in postrezite.

3. Vafelj Hash Browns z rožmarinom

IZDELEK: Za 2 porciji

Sestavine

- 1 rdečerdeč krompir (peko), približno 10 unč, olupljen in narezan
- ½ čajne žličke drobno sesekljanega svežega rožmarina ali 1 čajna žlička posušenega rožmarina
- ¼ čajne žličke soli
- ½ čajne žličke sveže mletega črnega popra
- 1 čajna žlička nesoljenega masla, stopljenega
- Nariban sir, kisla smetana ali kečap za serviranje

Navodila

a) Segrejte pekač za vaflje na srednji temperaturi.
b) Ožeti narezan krompir z brisačo, dokler ni tako suh, kot lahko upravljate.
c) V skledi za mešanje zmešajte nariban krompir, rožmarin, sol in poper.
d) S silikonskim čopičem namažemo maslo na obe strani pekača za vaflje.
e) Nariban krompir zložite v pekač za vaflje – pekač za vaflje nekoliko prepolnite – in zaprite pokrov.
f) Po 2 minutah nekoliko pritisnite na pokrov, da se krompir še bolj stisne.
g) Po 10 minutah preverite krompir. Ponekod bi morali šele začeti postajati zlato rjavi.
h) Ko je krompir vseskozi zlato rjav, ga še 1 do 2 minuti previdno vzamemo iz pekača za vaflje.
i) Postrezite z naribanim sirom, kislo smetano ali kečapom.

4. Zelene čilske vafljane Quesadillas

DOBITEV: Naredi 2 quesadillas

Sestavine

- Sprej za kuhanje proti prijemanju
- 4 tortilje iz moke
- 1 skodelica naribanega mehiškega sira, kot je queso Chihuahua ali Monterey Jack
- ¼ skodelice sesekljanega zelenega čilija v pločevinkah

Navodila

a) Segrejte pekač za vaflje na srednji temperaturi. Obe strani rešetke pekača za vaflje premažite s sprejem proti prijemanju.

b) Položite tortiljo na pekač za vaflje in pazite, ker je pekač za vaflje vroč, enakomerno porazdelite polovico sira in polovico zelenega čilija po tortiliji, tako da pustite približno centimeter roba okoli roba tortilje. Na vrh položite drugo tortiljo in zaprite pekač za vaflje.

c) Po 3 minutah preverite quesadillo. Ko se sir stopi in ima tortilja zlato rjave sledi vafljev, je pripravljena. Odstranite quesadillo iz pekača za vaflje.

5. Kubanski sendvič z vaflji

DOBITEV: Za 2

Sestavine

- 1 hrustljava sendvič žemljica ali posamezna štruca ciabatta
- 1 žlica rumene gorčice
- 3 unče kuhane šunke, narezane na tanke rezine
- 3 unče kuhanega svinjskega hrbta, narezanega na tanke rezine
- 3 unče švicarskega sira, narezanega na tanke rezine
- 2 po dolžini tanko narezani kisli kumari

Navodila

a) Segrejte pekač za vaflje na nizki ravni.

b) Kruh razdelite na zgornjo in spodnjo polovico, ga nekoliko izdolbite, da naredite prostor za meso, in obe rezini namažite z gorčico. Med kose kruha sestavimo šunko, hrbet, sir in kisle kumarice.

c) Pritisnite na sendvič, da ga nekoliko stisnete, in ga položite v pekač za vaflje, čim dlje od tečaja.

d) Zaprite pokrov pekača za vaflje in kuhajte 5 minut. Približno na polovici boste morda morali sendvič obrniti za 180 stopinj, da zagotovite enakomeren pritisk in kuhanje. Če želite, lahko nekoliko pritisnete na pokrov pekača za vaflje, da stisnete sendvič, vendar to storite previdno - pokrov je lahko zelo vroč.

e) Sendvič vzemite iz pekača za vaflje, ko se sir popolnoma stopi. Sendvič prerežite na pol ali diagonalno in postrezite.

6. Vafljani Croque Madame

DOBITEV: Za do 6

Sestavine

- 1 kos testa za polmesece ali testo za brioše
- 1 žlica nesoljenega masla, stopljenega
- 3 žlice bešamel omake
- 2 rezini švarcvaldske šunke
- $\frac{1}{4}$ skodelice naribanega sira Gruyère
- 1 veliko jajce

Navodila

a) Segrejte pekač za vaflje na srednji temperaturi.

b) Kos testa prerežite na pol, da naredite dva trikotnika. Trikotnike oblikujte v kvadrat 4 do 5 centimetrov na vsaki strani in robove nežno stisnite skupaj.

c) S silikonskim čopičem premažite obe strani enega dela pekača za vaflje s stopljenim maslom, položite testo na ta del pekača za vaflje, zaprite pokrov in kuhajte testo, dokler ni zlato rjavo, približno 3 minute.

d) Odstranite testo iz pekača za vaflje in ga prenesite na desko za rezanje ali krožnik.

e) Na vafljano testo vlijemo bešamel. (Omaka se bo večinoma zbirala v luknjah.) Nato na vrh položite šunko. Po vrhu potresemo nariban sir. Sestavljen kup položite v pekač za vaflje in zaprite pokrov za 10 sekund, da se sir stopi in plasti povežejo. Odstranite sveženj iz pekača za vaflje.

f) Razbijte jajce v majhno skodelico ali ramekin. Tako boste imeli nadzor nad tem, kako jajce pristane na pekaču za vaflje. S čopičem namažite preostalo stopljeno maslo na spodnjo mrežo enega dela pekača za vaflje in na ta del vlijte jajce. Kuhajte, ne da bi zaprli pokrov, dokler se beljak ne strdi, približno 1 minuto, in nadaljujte s kuhanjem, dokler se rumenjak malo strdi, 1 ali 2 minuti.

g) Če želite jajce odstraniti nedotaknjeno, ga z rešetko pekača za vaflje izvlecite z lopatico ali parom toplotno odpornih silikonskih lopatic. Najprej zrahljajte robove, nato pa dvignite jajce in ga čim bolj podprite od spodaj.

h) Sendvič prelijemo z jajcem in postrežemo vroče.

7. Klasični vafelj burger s sirom

IZDELEK: Za 4 obroke

Sestavine

- Sprej za kuhanje proti prijemanju
- 1-kilogramsko mleto goveje meso
- ½ čajne žličke soli
- 1 čajna žlička sveže mletega črnega popra
- 4 rezine ameriškega sira, sira Cheddar ali Gruyère (neobvezno)
- 4 žemljice za hamburger, kupljene ali domače
- Kečap, gorčica, zelena solata, paradižnik in kisle kumarice za serviranje

Navodila

a) Segrejte pekač za vaflje na srednji temperaturi. Obe strani rešetke pekača za vaflje premažite s sprejem proti prijemanju.

b) Goveje meso začinite s soljo in poprom ter ga oblikujte v 4 polpete, vsaka približno v obliki žemljic.

c) V pekač za vaflje položite toliko polpetov, zaprite pokrov in kuhajte, dokler govedina ne doseže notranje temperature 160 °F na termometru s takojšnjim odčitavanjem, 3 minute.

d) Ko so polpeti pečeni, jih odstranite iz pekača za vaflje. Če želite vafelj burger s sirom, pustite polpet v pekaču za vaflje, nanj nalijte sir in na kratko zaprite pokrov za vaflje – približno 5 sekund.

e) Ponovite 3. in 4. korak s preostalimi polpeti.

f) Postrezite na žemlji s kečapom, gorčico, zeleno solato, paradižnikom in kislimi kumaricami.

8. Vafljana goba Portobello

IZDELEK: Za 1 osebo

Sestavine

- ¼ skodelice ekstra deviškega oljčnega olja
- ¼ skodelice olja z nevtralnim okusom, kot je kanola
- 1 žlica italijanskih zelišč (ali po 1 čajna žlička posušenega rožmarina, posušene bazilike in posušenega origana)
- ¼ čajne žličke soli
- ¼ čajne žličke sveže mletega črnega popra
- 2 gobi Portobello, stebla odtrgana in zavržena

Navodila

1. V plitvi skledi ali globokem krožniku zmešajte olja, zelišča, sol in poper. Premešamo, da se zelišča enakomerno porazdelijo.
2. Gobe pripravimo tako, da z žlico izdolbemo škrge in gobji klobuk obrišemo z vlažno papirnato brisačo, da odstranimo umazanijo.
3. Gobove klobuke položite v oljno mešanico in jih marinirajte vsaj 30 minut, približno na polovici pa jih obrnite.
4. Segrejte pekač za vaflje na srednji temperaturi.
5. Gobe položite s pokrovčkom navzgor v pekač za vaflje in zaprite pokrov.
6. Po 5 minutah preverite gobe. Klobuki morajo biti mehki in kuhani. Odstranite gobe iz pekača za vaflje in postrezite.

9. Vafljan Filet Mignon

DOBITEV: Za 2

Sestavine

- 2 žlički grobe morske soli ali košer soli
- 2 žlički sveže mletega črnega popra
- 8 unč fileja mignona, debel približno 1½ palca
- Sprej za kuhanje proti prijemanju

Navodila

a) Segrejte pekač za vaflje na visoki temperaturi.
b) Sol in poper stresemo na krožnik, premešamo, da se enakomerno porazdeli, in z mešanico z obeh strani premažemo zrezek.
c) Obe strani rešetke pekača za vaflje premažite s sprejem proti prijemanju. Zrezek položite na pekač za vaflje čim dlje od tečaja. (To omogoča, da pokrov enakomerneje pritiska na meso.) Zaprite pokrov in kuhajte 8 minut.
d) Če imate termometer s takojšnjim odčitavanjem, preverite temperaturo zrezka po 8 minutah. Za srednje pečen zrezek mora biti temperatura 140 °F. (Pri temperaturi 130 °F dobite srednje pečen zrezek; 155 °F je dobro pečen.)
e) Odstranite zrezek in ga položite na desko za rezanje. Pustite pekač za vaflje, če boste morali zrezek še malo popeči.
f) Zrezek pustite počivati nekaj minut, preden ga prerežete na pol in preverite pečenost. Če ste zadovoljni, izklopite pekač za vaflje in postrezite.
g) Če želite, da je manj redka, jo vrnite v pekač za vaflje in preverite čez eno

minuto. Pred serviranjem biftek še enkrat pustimo počivati.

10. Francoski toast, polnjen s čokolado

DOBITEV: Za 2

Sestavine

- 2 veliki jajci
- ½ skodelice mleka
- ¼ čajne žličke čistega vanilijevega ekstrakta
- Ščepec soli
- 4 rezine kruha
- Sprej za kuhanje proti prijemanju
- ½ skodelice čokoladnih žetonov
- 1 žlica stepenega masla
- Sladkor v prahu, po okusu

Navodila

a) Segrejte pekač za vaflje na visoki temperaturi. Pečico segrejte na najnižjo stopnjo.
b) V pekaču za pite ali globokem krožniku zmešajte jajca, mleko, vanilijo in sol.
c) V jajčno mešanico položite 2 rezini kruha in ju namakajte, dokler ne vpijeta nekaj tekočine, 30 sekund. Rezine obrnite in jih namakajte še 30 sekund.

d) Obe strani rešetke pekača za vaflje premažite s sprejem proti prijemanju. Na pekač za vaflje položimo rezino namočenega kruha in na rezino naložimo malo manj kot polovico koščkov čokolade. Na vrh položite drugo rezino namočenega kruha, zaprite pekač za vaflje in kuhajte, dokler kruh ni zlato rjav in se čokolada stopi, 3 do 4 minute. O nekuhani jajčni mešanici ne sme biti sledi.

e) Odstranite francoski toast iz pekača za vaflje in ponovite 3. in 4. korak, da naredite drugo serijo. Končni francoski toast postavite v pečico, da ostane topel.

f) Francoski toast narežite na četrtine. Odprite »žep« v vsaki četrtini in v odprtino vstavite preostale koščke čokolade. Preostala toplota bo stopila čokolado.

g) Vsako porcijo pred serviranjem prelijemo s stepenim maslom in potresemo s sladkorjem v prahu.

11. Špageti in vafljane mesne kroglice

IZDELEK: Za 4 obroke

Sestavine

Marinara omaka in testenine:
- 4 stroki česna, neolupljeni
- 2 žlici ekstra deviškega oljčnega olja in več za serviranje
- 2 pločevinki (28 unč vsaka) celih slivovih paradižnikov
- ¼ čajne žličke rdeče paprike
- Sol in sveže mlet črni poper po okusu
- 12 unč špagetov

Vafljane mesne kroglice:
- 1 funt puste mlete govedine ali purana
- 10 unč zamrznjene sesekljane špinače, odmrznjene in ožete
- 1 veliko jajce, rahlo stepeno
- ¼ skodelice navadnih krušnih drobtin
- ¼ skodelice drobno sesekljane čebule
- ¼ skodelice naribanega parmezana in še več za serviranje
- 2 stroka česna, nasekljana
- ½ čajne žličke soli
- Sprej za kuhanje proti prijemanju

Navodila

a) Pripravite omako marinara: vsak strok česna prerežite na pol in ga sploščite s ploščato stranjo rezila noža ter pritisnite z dlanjo navzdol, da se česen strti. Odstranite lupino česna. (Moralo bi se zlahka odstraniti.)

b) V veliko ponev na srednje nizek ogenj dajte 2 žlici oljčnega olja in strte stroke česna. Kuhajte, dokler česen ne zadiši in šele začne postajati zlata, približno 3 minute.

c) Medtem ko se česen kuha, paradižnike delno odcedimo tako, da odlijemo samo tekočino na vrhu pločevinke. Z vilicami ali kuhinjskimi škarjami narežite paradižnik na velike, neenakomerne kose v pločevinki.

d) Dodajte paradižnik in kosmiče rdeče paprike v ponev, pri čemer pazite, da ne škropi, ko se paradižnik sreča z vročim oljem.

e) Kuhajte na srednjem ognju, dokler omaka ne začne brbotati, približno 5 minut. Kuhajte na srednje nizkem ognju, občasno premešajte, dokler se paradižniki ne razgradijo, 45 minut. Ostati mora gosta, nekoliko krhka omaka.

Okusite in začinite tako, da dodate sol in poper.

f) Pripravite testenine: velik lonec vode zavrite na močnem ognju.

g) Segrejte pekač za vaflje na srednji temperaturi. Pečico segrejte na najnižjo stopnjo.

h) Medtem ko omaka vre in voda za testenine zavre, naredite mesne kroglice: V veliki posodi za mešanje zmešajte vse sestavine za mesne kroglice, razen pršila za kuhanje, in dobro premešajte.

i) Zmes oblikujte v 16 kroglic in jih položite na desko za rezanje, prekrito s povoščenim ali pergamentnim papirjem.

j) V vrelo vodo dodajte špagete in jih skuhajte po navodilih na embalaži. Odcedite in hranite na toplem.

k) Obe strani rešetke pekača za vaflje premažite s sprejem proti prijemanju. Na pekač za vaflje položite toliko mesnih kroglic, kolikor jih je, pri čemer pustite nekaj prostora, da se vsaka razširi, ko jo sploščite.

l) Zaprite pokrov in kuhajte, dokler se mesne kroglice zunaj ne zapečejo, 6 minut. Morda boste morali zarezati na enega, da zagotovite, da ne ostanejo sledi rožnate barve. Če imate termometer s takojšnjim odčitavanjem, mora biti

goveje meso vsaj 160 °F, puranje pa vsaj 165 °F.
m) Odstranite mesne kroglice iz pekača za vaflje. Ponovite koraka 11 in 12, da spečete preostale mesne kroglice. Če druge komponente še niso pripravljene, polpete pustimo na toplem v ogreti pečici.
n) Postrezite velikodušno porcijo testenin s 4 vafeljskimi mesnimi kroglicami, ki jih zmerno prelijete z omako. Pokapajte z ekstra deviškim oljčnim oljem in potresite s parmezanom. Dodatno omako postrezite k mizi.

12. Vafljani makaroni in sir

IZDELEK: Za 8 obrokov

Sestavine

- Pripravljeni makaroni in sir
- 2 veliki jajci
- Vsak ščepec soli in sveže mletega črnega popra
- 1 skodelica večnamenske moke
- 1 skodelica začinjenih krušnih drobtin
- ¼ skodelice naribanega trdega sira, kot je parmezan ali pecorino romano
- Sprej za kuhanje proti prijemanju

Navodila

a) Makarone in sir narežite na približno ½ cm debele rezine.
b) Segrejte pekač za vaflje na srednji temperaturi. Pečico segrejte na najnižjo stopnjo.
c) V majhni skledi stepite jajce s ščepcem soli in popra.
d) Postavite 3 plitve sklede. V prvo odmerimo moko. V drugo skledo damo stepena jajca. V tretji vmešamo drobtine s sirom.

e) Vzemite rezino makaronov in sira ter jo nežno potresite z obeh strani v moki. Nato obe strani potopite v jajce. Nazadnje obe strani premažite z drobtinami, zmes stisnite, da se prime. Odložite rezino in ponovite s preostalimi rezinami.
f) Obe strani rešetke pekača za vaflje premažite s sprejem proti prijemanju. Rezine makaronov in sira položite v pekač za vaflje, zaprite pokrov in kuhajte, dokler se ne segrejejo in zlato rjavo zapečejo, 3 minute.
g) Postopek ekstrakcije je lahko težaven. S silikonsko lopatko zrahljamo robove makaronov in sira. Z lopatko nežno izvlecite makarone s sirom iz pekača za vaflje in nato z lopatko podprite dno, medtem ko ga dvignete s kleščami.
h) Ponavljajte korake od 5 do 7, dokler ne zmečkate vseh makaronov in sira. Končane makarone s sirom hranite na toplem v pečici.

13. Wavioli s popečenim sirom

DOBITEV: Za 2

Sestavine

- ½ skodelice mleka
- 1 veliko jajce
- 1 žlica ekstra deviškega oljčnega olja
- 1 skodelica začinjenih krušnih drobtin
- ½ čajne žličke soli
- ½ čajne žličke česna v prahu
- Ravioli s ½ funta sira, ohlajeni
- Sprej za kuhanje proti prijemanju
- 1 skodelica marinara omake

Navodila

a) Segrejte pekač za vaflje na srednji temperaturi. Pekač obložite z voskom ali pergamentnim papirjem in ga postavite na stran. Pečico segrejte na najnižjo stopnjo.

b) V majhni skledi zmešajte mleko, jajce in olivno olje.

c) V drugi majhni skledi zmešajte krušne drobtine, sol in česen v prahu.

d) Raviole najprej pomočite v mlečno mešanico, tako da jih premažete z obeh strani, nato jih pomočite v mešanico krušnih drobtin in mešanico pritiskajte, da se prime. Obložene raviole položimo na pripravljen pekač.

e) Obe strani rešetke pekača za vaflje premažite s sprejem proti prijemanju. V majhni ponvi na zmernem ognju ali v mikrovalovni pečici segrevajte omako marinara 1 minuto.

f) V pekač za vaflje položite toliko raviolov, kolikor jih gre, zaprite pokrov in kuhajte 2 minuti ali dokler niso hrustljavi in popečeni.

g) Odstranite raviole iz pekača za vaflje in ponovite korak 6 s preostalimi ravioli.

Končane raviole hranite na toplem v pečici.

h) Postrezite z omako marinara za namakanje.

14. Vafljani njoki iz sladkega krompirja

Naredi približno 60 njokov

Sestavine

- 1 velik krompir za peko (kot je rdečkasti) in 1 velik sladki krompir (skupaj približno 1½ funta)
- 1¼ skodelice večnamenske moke in še več za pomokanje delovne površine
- ½ skodelice naribanega parmezana
- 1 čajna žlička soli
- ½ čajne žličke sveže mletega črnega popra
- Ščetek naribanega muškatnega oreščka (neobvezno)
- 1 veliko jajce, pretepljeno
- Sprej za kuhanje proti prijemanju ali stopljeno maslo
- Pesto ali omaka iz vafljanega žajblja in masla

Navodila

a) Pečico segrejte na 350°F.

b) Krompir pecite približno eno uro, dokler ga zlahka prebodete z vilicami. Pustimo, da se krompir nekoliko ohladi, nato ga olupimo.

c) Krompir pretlačimo skozi mlinček za hrano ali riž ali ga naribamo čez velike luknje strgalnika in v veliko skledo.

d) Krompirju dodajte $1\frac{1}{4}$ skodelice moke in jih z rokami premešajte, tako da med potjo razbijete grudice krompirja. Po testu potresemo sir, sol, poper in muškatni oreršček ter rahlo pregnetemo, da se enakomerno porazdeli.

e) Ko se moka in krompir zmešata, naredite jamico v sredino sklede in dodajte stepeno jajce. S prsti premešajte jajce skozi testo, dokler se ne začne sestavljati. Malo bo lepljivo.

f) Na rahlo pomokani površini testo nekajkrat nežno pregnetemo, da se združi. Biti mora vlažen, vendar ne moker in lepljiv. Če je preveč lepljivo, dodajte 1 žlico moke naenkrat, do $\frac{1}{4}$ skodelice. Testo razvaljamo v poleno in ga razrežemo na 4 dele.

g) Vsak kos zvijte v vrv približno premera vašega palca in nato z ostrim nožem razrežite na 1-palčne segmente.

h) Segrejte pekač za vaflje na srednji temperaturi. Obe strani rešetke pekača za vaflje premažite s pršilom proti sprijemanju ali namažite rešetke s silikonskim čopičem za pecivo. Pečico zmanjšamo na najnižjo stopnjo in odstavimo pekač, da bodo gotovi njoki topli.

i) Previdno otresite morebitne ostanke moke z njokov in jih položite na pekač za vaflje, pri čemer pustite nekaj prostora, da se lahko razširijo.

j) Zaprite pokrov in kuhajte, dokler se mreže na njokih ne obarvajo zlato rjavo, 2 minuti. Ponovimo s preostalimi njoki, kuhane njoke pustimo na toplem na pekaču v pečici.

k) Postrezite vroče s pesto omako ali omako iz vafljanega žajblja in masla.

15. Pierogi iz stisnjenega krompirja in sira

IZDELEK: Za 4 obroke

Sestavine

Testo:
- 2¼ skodelice večnamenske moke in še več za popraševanje delovne površine po potrebi
- ½ čajne žličke soli
- 2 veliki jajci
- ⅓ skodelice vode ali več po potrebi

Polnjenje:
- 1-funt rdečerjavega krompirja (peko), olupljen in narezan na 1-palčne kocke
- ½ skodelice naribanega sira Cheddar
- 2 žlici nesoljenega masla
- 1 čajna žlička soli
- 1 čajna žlička sveže mletega črnega popra
- Sprej za kuhanje proti prijemanju

Navodila

a) Naredite testo: V veliki skledi zmešajte 2¼ skodelice moke in sol.

b) V majhni skledi stepite jajca in ⅓ skodelice vode. Mešanici moke dodamo jajca in z leseno žlico ali rokami mešamo testo, dokler ga ne oblikujemo v kroglo.

c) Kroglico testa zavijemo v plastično folijo in postavimo v hladilnik za 30 minut.

d) Medtem naredite nadev: v srednje velik lonec dajte krompir, ga prelijte s hladno vodo in pokrito zavrite na srednje močnem ognju. Ko voda zavre, odstranite pokrov in kuhajte krompir na majhnem ognju, dokler ni mehak in ga zlahka prebodete z nožem, približno 10 minut. Krompir odcedimo v cedilu.

e) Krompir prestavimo v večjo skledo in ga pretlačimo skupaj z naribanim sirom, maslom, soljo in poprom. Pustite, da se mešanica ohladi na sobno temperaturo.

f) 24 centimetrov dolg zvitek .

g) Testo razrežemo na 24 enakih delov in iz vsakega dela testa oblikujemo kroglico.

h) Z roko sploščite kroglico testa. Z valjarjem razvaljajte testo v hrapav krog in ga naredite čim bolj tankega, hkrati pa naj bo enostaven za uporabo. Na sredino položite zvrhano čajno žličko nadeva, pri čemer rob ne sme biti daljši od ½ palca. Piroge prepognemo na pol in robove zmečkamo z vilicami.

i) Končane piroge položite na pomokano površino, pokrijte s plastično folijo ali čisto brisačo, ki ne pušča vlaken, in ponovite s preostalim delom testa in nadevom.

j) Segrejte pekač za vaflje na srednji temperaturi. Pečico segrejte na najnižjo stopnjo.

k) Obe strani rešetke pekača za vaflje premažite s sprejem proti sprijemanju, položite toliko pierogijev, kolikor jih gre v pekač za vaflje, in zaprite pokrov.

l) 1 Vaflje kuhajte, dokler ni testo kuhano in pierogi svetlo zlato rjavi, 3 minute. Kuhane piroge odstranimo.

16. Vaflji Falafel & Humus

IZDELEK: Za 4 obroke

Sestavine

- 1 skodelica posušene čičerike, pobrane in čez noč namočene v vodi v hladilniku
- ½ majhne čebule, grobo sesekljane
- 3 stroki česna
- ¼ skodelice sesekljanega svežega ploščatega peteršilja
- 2 žlici ekstra deviškega oljčnega olja
- 2 žlici večnamenske moke
- 1 čajna žlička soli
- 1 čajna žlička mlete kumine
- ½ čajne žličke mletega koriandra
- ¼ čajne žličke pecilnega praška
- ¼ čajne žličke sveže mletega črnega popra
- ¼ čajne žličke kajenskega popra
- Sprej za kuhanje proti prijemanju
- Popolnoma gladek humus
- 4 žepki pita kruha

Navodila

a) Segrejte pekač za vaflje na srednji temperaturi. Pečico segrejte na najnižjo stopnjo.

b) Namočeno čičeriko odcedimo in jo skupaj s čebulo in česnom stresemo v sekljalnik. Utripajte, dokler se ne zmeša, vendar ne postane pire.

c) Dodajte peteršilj, oljčno olje, moko, sol, kumino, koriander, pecilni prašek, črni poper in kajenski poper ter mešajte, dokler ni skoraj gladka.

d) Obe strani rešetke pekača za vaflje premažite s sprejem proti prijemanju. Za vsak fawaffle dajte približno $\frac{1}{4}$ skodelice testa v pekač za vaflje, pri čemer pustite malo prostora med zajemalkami, da se vsaka razširi.

e) Zaprite pokrov pekača za vaflje in kuhajte 5 minut, preden preverite. Favaflje odstranite, ko so pečeni in enakomerno popečeni.

f) Ponovite koraka 4 in 5 s preostalim testom.

g) Končane favaflje hranite na toplem v pečici. Postrezite jih s humusom in pita kruhom.

17. Solata Niçoise iz vafljeve tune

DOBITEV: Za 2

Sestavine

- 2 veliki jajci
- ½ skodelice zelenega fižola z narezanimi konicami
- 4 mlade krompirje, prerezane na pol
- Sol
- Sprej za kuhanje proti prijemanju
- 1 svež zrezek tune (približno 8 unč)
- 3 skodelice oprane zelene solate
- ¼ skodelice izkoščičenih ali celih narezanih črnih oliv, kot sta Niçoise ali Kalamata
- ½ skodelice celih ali razpolovljenih češnjevih ali grozdnih paradižnikov
- Sveže mleti črni poper, po okusu
- Dijon vinaigrette preliv

Navodila

a) Kuhajte jajca: Jajca dajte v majhno ponev in jo do dveh tretjin napolnite z vodo. Na srednje močnem ognju zavrite vodo, nato ogenj ugasnite, ponev odstavite z gorilnika in jo pokrijte. Pustimo počivati 10 minut. Jajca za minuto spustimo pod hladno vodo, da se ohladijo, in odstavimo.

b) Blanširajte stročji fižol: majhno ponev s slano vodo zavrite in vanjo za 30 sekund potopite stročji fižol. Odstranite jih in postavite v kopel z ledeno vodo, da ustavite kuhanje. Po 1 minuti odstranite stročji fižol iz ledene vode in ga postavite na stran.

c) Skuhajte krompir: Krompir položite v majhno ponev in pokrijte z vsaj centimetrom vode. Vodi dodajte obilen ščepec soli in zavrite na srednje močnem ognju. Ko voda zavre, zmanjšajte ogenj in pustite krompir vreti 10 minut. Pripravljeni so, ko jih je mogoče prebosti z nežnim udarcem noža. Odstranite krompir, ga odcedite v cedilu in pustite, da se ohladi.

d) Segrejte pekač za vaflje na visoki temperaturi. Obe strani rešetke pekača za vaflje premažite s sprejem proti prijemanju.

e) Tunin zrezek položite na pekač za vaflje čim dlje od tečaja. (To omogoča, da pokrov enakomerneje pritiska na tuno.) Zaprite pokrov.

f) Medtem ko se tuna kuha, na velik servirni krožnik položite posteljico iz zelene solate. Jajca olupimo, narežemo ali razpolovimo in razporedimo po zeleni solati. Na zeleno solato enakomerno porazdelite stročji fižol, krompir, olive in paradižnik.

g) Preverite tuno. Po 6 minutah mora biti $\frac{3}{4}$ palca debel zrezek pečen. Na zunanjosti ne sme biti rožnate barve. Morda boste želeli tuno prerezati na pol, da vidite, ali na sredini ostane kaj rožnate barve. Rožnati odtenek je lahko v redu, čeprav vam bo morda ljubša bolj pečena tuna. (USDA priporoča, da doseže 145 °F na termometru s takojšnjim odčitavanjem; meni je moj všeč okoli 125 °F.)

h) Odstranite tuno iz pekača za vaflje in jo narežite na približno $\frac{1}{2}$ palca debele rezine. Rezine razporedite po solati, tako da so oznake za vaflje obrnjene navzgor.

i) Solato potresemo s soljo in poprom. Solato varčno začinimo. Preostanek preliva postrezite k mizi.

18. Križane rakovice

DOBITEV: Naredi 4 pogače iz rakov

Sestavine

- 1 veliko jajce, stepeno, s ščepcem soli
- Ščepec kajenskega popra ali karija
- ½ čajne žličke sveže mletega črnega popra ali limoninega popra
- 1½ skodelice rakovice (približno 10 unč)
- ½ skodelice navadnih krušnih drobtin
- ¼ skodelice drobno sesekljane zelene paprike
- 1 žlica sesekljane šalotke
- Sprej za kuhanje proti prijemanju
- 1 limona, narezana, za okras
- ¼ skodelice Sriracha majoneze, za serviranje

Navodila

a) Segrejte pekač za vaflje na visoki temperaturi. Pečico segrejte na najnižjo stopnjo.

b) V majhni skledi zmešajte jajce, kajenski poper in črni poper. Odložite.

c) V srednje veliki skledi nežno zmešajte rakovice, krušne drobtine, papriko in sesekljano šalotko. Dodajte jajčno zmes in nežno premešajte, da se enakomerno vključi v suhe sestavine.

d) Obe strani rešetke pekača za vaflje premažite s sprejem proti prijemanju. Z merilno skodelico zajemite $\frac{1}{2}$ skodelice mešanice in jo položite v pekač za vaflje.

e) Zaprite pokrov in kuhajte, dokler krušne drobtine ne postanejo zlato rjave in ne ostane več tekočine, približno 3 minute.

f) Odstranite rakovo torto iz pekača za vaflje, jo poškropite z rezino limone in uporabite dodatne rezine kot okras.

g) Ponovite koraka 4 in 5, da naredite preostale 3 pogače iz rakov. Končane rakovice hranite na toplem v pečici.

h) Na vsako torto iz rakovice nanesite žlico majoneze Sriracha in postrezite.

19. Waffled Soft-Shell Crab

DOBITEV: Za 2

Sestavine

- ½ skodelice večnamenske moke
- 1 čajna žlička mešanice začimb za morske sadeže, kot je Old Bay
- 2 raka z mehkim oklepom, očiščena ("oblečena")
- 2 žlici nesoljenega masla, stopljenega

Navodila

a) Segrejte pekač za vaflje na visoki temperaturi.

b) V plitvi skledi ali globokem krožniku, kot je krožnik za pito, zmešajte moko in mešanico začimb.

c) Rakovico posušite s papirnatimi brisačami. Rakovico potresemo v moko, stresemo odvečno moko po krožniku in obloženo rakovico odložimo na desko za rezanje.

d) S silikonskim čopičem obe strani rešetke pekača za vaflje premažemo s stopljenim maslom.

e) Obloženega raka položite na pekač za vaflje, zaprite pokrov in kuhajte 3 minute. Premaz mora postati zlato rjav.

20. Vafljana tamale pita

IZDELEK: Za 4 obroke

Sestavine

Preliv:
- 1 žlica ekstra deviškega oljčnega olja
- 1 velika čebula, drobno sesekljana
- 1 funt mletega purana ali govedine
- 1 jalapeño paprika, mleta (odstranite semena za manj vročine)
- 1 čajna žlička mlete kumine
- 1 pločevinka (15 unč) zdrobljenega paradižnika
- Sol in sveže mlet črni poper po okusu

Skorja:
- 1½ skodelice masa harina
- 1 čajna žlička soli
- 1 čajna žlička pecilnega praška
- ¼ čajne žličke sveže mletega črnega popra
- 1 skodelica mleka
- 4 žlice (½ palčke) nesoljenega masla, stopljenega
- 1 veliko jajce, pretepljeno
- Sprej za kuhanje proti prijemanju
- 1 skodelica naribanega ostrega sira Cheddar

Navodila

a) Pripravite preliv: V veliko ponev dajte oljčno olje in dodajte čebulo. Pražite na zmernem ognju, dokler čebula ne začne rjaveti, približno 5 minut. Odstranite čebulo in jo odstavite na krožnik.

b) Meso zdrobite v isto ponev in ga pražite, dokler ne ostanejo rožnate sledi, približno 5 minut. Odlijemo odvečno maščobo in v ponev dodamo praženo čebulo, jalapeño, kumino in paradižnike, dokler se ravno ne segrejejo, približno 1 minuto. Poskusite ter dodajte sol in poper. Pustite, da mešanica vre na majhnem ognju, medtem ko naredite skorjo.

c) Segrejte pekač za vaflje na srednji temperaturi.

d) Naredite skorjo: V veliki skledi zmešajte masa harino, sol, pecilni prašek in črni poper. V srednje veliki skledi stepajte mleko in stopljeno maslo, dokler se ne združita, nato pa dodajte jajce.

e) Dodajte mokre sestavine k suhim sestavinam in premešajte, da se združijo. Testo bo zelo gosto.

f) Obe strani rešetke pekača za vaflje premažite s sprejem proti prijemanju.

Testo razdelite na 4 enake dele, vsak približno ½ skodelice. Vzemite del testa in ga potapkajte v disk velikosti približno enega dela pekača za vaflje. Ponovite s preostalimi 3 deli testa.

g) Kolute položite na pekač za vaflje, tako da popolnoma prekrijete mrežo pekača za vaflje. Zaprite pokrov in kuhajte, dokler se skoraj ne strdi, vendar ne povsem zlato rjavo, približno 3 minute.

h) Odprite pekač za vaflje, na skorjo nanesite enakomerno plast preliva, debelo približno ½ palca, in zaprite pekač za vaflje za 1 minuto. Ponovno odprite pekač za vaflje, na vrh položite sir in zaprite pekač za vaflje za 20 sekund, da se sir stopi. Odstranite tamale pite iz pekača za vaflje in postrezite.

21. Vafljani mehiški migas

DOBITEV: Za 2

Sestavine

- 4 velika jajca
- 1 majhen paradižnik, narezan na kocke (približno ½ skodelice)
- ½ skodelice narezane čebule
- ½ skodelice naribanega sira Cheddar ali Monterey Jack
- 1 majhna paprika jalapeño, brez semen in mleta
- 2 mehki koruzni tortilji, narezani ali natrgani na približno ½-palčne kose
- ¼ čajne žličke soli
- ¼ čajne žličke sveže mletega črnega popra
- Sprej za kuhanje proti prijemanju

Navodila

a) Segrejte pekač za vaflje na srednji temperaturi.

b) V srednje veliki skledi stepemo jajca. Dodajte preostale sestavine razen pršila za kuhanje in močno premešajte, da se združijo.

c) Obe strani rešetke pekača za vaflje premažite s sprejem proti prijemanju. Nekaj mešanice nalijte na vsak del pekača za vaflje. Nekatere sestavine se lahko usedejo na dno posode, zato pazite, da sežete do dna posode, da dobite dobro mešanico.

d) Zaprite pokrov in kuhajte, dokler jajca ne prenehajo teči, 2 minuti.

e) Odstranite migas iz pekača za vaflje z lopatico ali parom toplotno odpornih silikonskih lopatic in postrezite.

22. Waffled Shrimp Wontons

DOBITEK: Naredi 16 wontonov

Sestavine

- 8 unč kuhanih in ohlajenih kozic (31–40 ali 41–50), olupljenih, z odstranjenimi repki
- 1 večji beljak, rahlo stepen
- $\frac{1}{4}$ skodelice drobno sesekljane kapesato, zelenih in belih delov
- 1 strok česna, sesekljan
- 2 žlički svetlo rjavega sladkorja
- 2 žlički destiliranega belega kisa
- $\frac{1}{2}$ čajne žličke naribanega ali mletega svežega ingverja
- $\frac{3}{4}$ čajne žličke soli
- $\frac{1}{2}$ čajne žličke sveže mletega črnega popra
- 1 paket wonton ovojev (vsaj 32 ovojev), približno $3\frac{1}{2}$ palca na stran
- Sprej za kuhanje proti prijemanju
- Omaka za namakanje z ingverjem in sezamom

Navodila

a) Kozice na drobno sesekljajte, da bodo na koncu skoraj paste. Če želite uporabiti kuhinjski robot, bi to moralo doseči pol ducata hitrih utripov. Narezane kozice damo v srednje veliko skledo.

b) V kozico dodamo beljak, česen, česen, sladkor, kis, ingver, sol in poper, premešamo, da se dobro premešajo, in odstavimo.

c) Segrejte pekač za vaflje na visoki temperaturi. Pečico segrejte na najnižjo stopnjo.

d) Za oblikovanje cmokov odstranite wonton ovoj iz embalaže. S čopičem za pecivo ali čistim prstom zmočite vse 4 robove ovoja. Na sredino položite pičlo žlico mešanice kozic in na vrh položite še en wonton ovoj. Pritisnite vzdolž robov, da zaprete. Končan wonton odstavimo, pokrijemo z vlažno brisačo in preostanek oblikujemo.

e) Obe strani rešetke pekača za vaflje premažite s sprejem proti prijemanju. Na pekač za vaflje nastavite toliko wontonov, kolikor se udobno prilega, in zaprite pokrov. Pred preverjanjem kuhajte 2 minuti. Wonton ovitek mora izgubiti svojo prosojnost in sledi vafljev morajo biti temno zlato rjave.

f) Wontone postrezite z ingverjevo-sezamovo omako.

23. Cheesy Waffled Arancini

IZDELEK: Naredi 8 arancinov; služi 4

Sestavine

- 2 skodelici kuhanega kratkozrnatega belega riža, kot je Arborio, pripravljenega po navodilih na embalaži in ohlajenega
- $\frac{1}{2}$ skodelice naribanega parmezana
- $\frac{1}{4}$ čajne žličke soli
- $\frac{1}{4}$ čajne žličke sveže mletega črnega popra
- 3 velika jajca
- 2 unči sveže mocarele, narezane na 8 kosov
- 1 skodelica začinjenih krušnih drobtin
- Sprej za kuhanje proti prijemanju

Navodila

a) Segrejte pekač za vaflje na srednji temperaturi. Pečico segrejte na najnižjo stopnjo.

b) V srednje veliki skledi zmešajte riž, parmezan, sol, poper in 1 jajce ter premešajte, da se dobro premeša.

c) Z mokrimi rokami oblikujte vsako riževo kroglico, tako da vzamete majhen del zmesi, jo močno stisnete v kroglico in vanjo nadevate kos mocarele. Sir mora biti popolnoma obdan z rižem. Ta postopek ponovite, da oblikujete 8 arancini kroglic in jih postavite na stran.

d) V majhni skledi stepite preostali 2 jajci. Krušne drobtine dajte v plitvo skledo ali globok krožnik, na primer pekač za pito. Vsak arancini pomočite v jajčno mešanico in nato v krušne drobtine ter otresite odvečno količino. Z arancini ravnajte previdno.

e) Obe strani rešetke pekača za vaflje premažite s sprejem proti prijemanju. V vsak del pekača za vaflje položite kroglico arancinov, zaprite pokrov in kuhajte, dokler arancini ne ostanejo skupaj kot povezana enota, 4 minute.

f) Medtem ko se arancini kuhajo, segrevajte marinara omako v mikrovalovni pečici za 45 sekund ali v majhni kozici na štedilniku na majhnem ognju.

g) Odstranite arancini iz pekača za vaflje in ponovite koraka 5 in 6 s preostalimi arancini. Končane arancine hranite na toplem v pečici.

h) Arancine postrezite s toplo omako marinara.

24. Ocvrtki iz buček in parmezana

IZDELEK: Za 4 obroke

Sestavine

- 2 skodelici naribanih bučk (približno 2 srednje veliki bučki)
- ½ čajne žličke soli
- 1 veliko jajce
- ¼ skodelice mleka
- ½ skodelice naribanega parmezana
- ½ skodelice večnamenske moke
- ¼ čajne žličke sveže mletega črnega popra
- Sprej za kuhanje proti prijemanju

Navodila

a) Bučke dajte v cedilo ali cedilo in jih potresite s ¼ čajne žličke soli. Pustite stati 30 minut. Dobro sperite s hladno vodo. Pritisnite, da odstranite odvečno tekočino iz bučk, nato pa jih posušite s čisto brisačo, ki ne pušča vlaken, ali papirnatimi brisačkami.

b) Segrejte pekač za vaflje na srednji temperaturi. Pečico segrejte na najnižjo stopnjo.

c) V veliki skledi stepite jajce ter dodajte mleko in ¼ skodelice parmezana. Dobro premešajte, da se združi.

d) V majhni skledi zmešajte moko, preostalo ¼ čajne žličke soli in poper. Dobro premešajte in vmešajte v veliko skledo z jajčno mešanico. Dodajte bučke in premešajte, dokler se dobro ne premešajo.

e) Obe strani rešetke pekača za vaflje premažite s sprejem proti prijemanju. Zaobljene žlice bučkine zmesi polagamo na pekač za vaflje, tako da med vsako zajemalko pustimo prostor, da se ocvrtki razlezejo. Zaprite pokrov.

f) Kuhajte, dokler rahlo ne porjavi in se skuha, 3 minute, nato odstranite iz pekača za vaflje.

g) Ponovite koraka 5 in 6 s preostalim testom. Končane ocvrtke hranite na toplem v pečici.

h) Za serviranje potresite ocvrtke s preostalo ¼ skodelice parmezana.

25. Waffled Tostones

IZDELEK: Za 4 obroke

Sestavine

- 2 litra olja z nevtralnim okusom, kot je kanola, za cvrtje
- 2 rumeni trpotec (malo zelene je v redu)
- Sol, po okusu
- Česnova omaka za namakanje

Navodila

a) Olje nalijte v velik lonec ali nizozemsko pečico, pri čemer pazite, da pustite dovolj prostora na vrhu lonca. Olje ne sme priti več kot do polovice, saj lahko ob dodajanju trpotcev nastane mehurček.

b) Na srednjem ognju segrejte olje na 350 °F na termometru s takojšnjim odčitavanjem.

c) Medtem ko se olje segreva, olupimo trpotec. Odrežite vsak konec in nato vzdolž trpotca zarežite 3 zareze. Odtrgajte kožo s prsti. Vsak trpotec narežite na približno $\frac{1}{4}$ palca debele rezine.

d) Segrejte pekač za vaflje na srednji temperaturi. Krožnik segrejte v pečici na najnižji stopnji.

e) Ko olje doseže približno 350 °F, bo kocka kruha, ki jo vržete v olje, v 60 sekundah postala svetlo rjava. Rezine trpotca na tej temperaturi pražimo 1 minuto.

f) Po minuti preverite rezino trpotca, da vidite, ali je pripravljena. Biti mora svetlo zlate barve in kuhan na zunanji strani. Bolj kot je trpotec zelen, dlje se bo cvrelo – do približno 3 minute.

g) Ocvrte trpotce z rešetkasto žlico poberemo iz olja in odcedimo na krožniku, obloženem s papirnatimi brisačkami. Malo olja, ki se jih oprime, je v redu – pravzaprav bo pomagalo, ko bodo šli v pekač za vaflje.

h) Na pekač za vaflje položite toliko ocvrtih trpotcev, kolikor jih gre v eno plast, tako da jim pustite malo prostora, da se razširijo.

i) Pritisnite pokrov pekača za vaflje navzdol, da trpotce razdrobite. Previdno: pokrov je lahko vroč.

j) Kuhajte, dokler trpotci niso temno zlato rjavi in vseskozi mehki, 2 minuti.

k) Odstranite trpotec iz pekača za vaflje. Ponovite korake od 8 do 10 s preostalimi trpotci.

l) Končane trpotce preložimo na topel krožnik in potresemo s soljo. Postrezite s česnovo omako.

26. Vafelj krompirček

IZDELEK: Za 4 obroke

Sestavine

- Sprej za kuhanje proti prijemanju
- 4 žlice (½ palčke) nesoljenega masla, stopljenega
- 1 skodelica vode
- ½ čajne žličke soli
- 2 skodelici instant krompirjevih kosmičev
- Kečap ali majoneza, za serviranje

Navodila

a) Segrejte pekač za vaflje na visoki temperaturi. Obe strani rešetke pekača za vaflje premažite s sprejem proti prijemanju.

b) V skledi zmešajte stopljeno maslo, vodo in sol. Dodamo krompirjeve kosmiče in zmes dobro premešamo. Pustite, da se pekač za vaflje segreje na želeno temperaturo. Zmes bo precej gosta.

c) Za vsak vafelj dajte v pekač za vaflje približno žlico krompirjeve mešanice. Na rešetko pekača za vaflje dajte čim več krompirjeve mešanice, zaprite pokrov in kuhajte do temno zlato rjave barve, 3 minute. Odstranite krompirček in ponovite postopek, po potrebi ponovno popršite mrežo pekača za vaflje, dokler ne porabite vse krompirjeve mešanice.

d) Pomfri postrezite s kečapom ali majonezo.

27. Vafljani čebulni obročki

IZDELEK: Za 4 obroke

Sestavine

- 1½ skodelice večnamenske moke
- ½ skodelice koruznega škroba
- 1 žlica pecilnega praška
- 2 žlički soli
- 2 žlički granuliranega sladkorja
- 1 čajna žlička sveže mletega črnega popra
- 1 čajna žlička čebule v prahu
- 12 unč lager piva
- ¼ skodelice olja z nevtralnim okusom, kot je kanola
- 1 velika čebula, narezana na tanke rezine in nato narezana na segmente, dolge največ 1 cm
- Sprej za kuhanje proti prijemanju

Navodila

a) Segrejte pekač za vaflje na srednji temperaturi. Pečico segrejte na najnižjo stopnjo.

b) V veliki skledi zmešajte moko, koruzni škrob, pecilni prašek, sol, sladkor, poper in čebulo v prahu ter premešajte, da se združi. Vmešajte pivo. (Mešanica se bo spenila.) Vmešajte olje in nato čebulo.

c) Obe strani rešetke pekača za vaflje premažite s sprejem proti prijemanju.

d) Vlijte približno $\frac{1}{4}$ skodelice testa na pekač za vaflje v obliki velikega obroča,

e) Vaš prstan ne bo popoln, vendar lahko s silikonsko lopatko nekaj delov testa potisnete v obliko, preden zaprete pokrov.

f) Kuhajte 4 minute ali dokler ne porjavi. Odstranite čebulni obroč iz pekača za vaflje.

g) Ponovite 3. in 4. korak, da naredite preostale čebulne obročke. Končane čebulne obročke hranite na toplem v pečici.

h) Postrezite toplo.

28. Vafljani ovseni piškoti

IZDELEK: Naredi približno 20 piškotov

Sestavine

- ½ skodelice nesoljenega masla, zmehčanega
- ½ skodelice trdno pakiranega svetlo rjavega sladkorja
- 2 veliki jajci
- 1 čajna žlička čistega vanilijevega ekstrakta
- ½ skodelice večnamenske moke
- ½ čajne žličke sode bikarbone
- ¼ čajne žličke soli
- ¾ skodelice staromodnega valjanega ovsa
- ¾ skodelice polsladkih mini čokoladnih koščkov
- Sprej za kuhanje proti prijemanju

Navodila

a) Segrejte pekač za vaflje na srednji temperaturi.
b) V veliki skledi z električnim ročnim mešalnikom stepite maslo in rjavi sladkor, dokler ni skoraj gladka.

c) Dodajte jajca in vanilijo, nato nadaljujte s stepanjem, dokler niso popolnoma vključeni.

d) V srednje veliki skledi zmešajte moko, sodo bikarbono in sol. Dodajte te suhe sestavine k mokrim sestavinam in mešajte, dokler ne ostane nekaj pramenov moke.

e) Dodajte oves in čokoladne koščke ter premešajte, da se združijo.

f) Obe strani rešetke pekača za vaflje premažite s sprejem proti prijemanju.

g) Na vsak del vaflja položite zvrhano jedilno žlico testa in pustite prostor za širjenje piškotov. Zaprite pokrov in kuhajte, dokler se piškoti ne strdijo in začnejo rjaveti. To ne bo trajalo zelo dolgo – 2 ali 3 minute, odvisno od vročine pekača za vaflje. Piškoti morajo biti mehki, ko jih odstranite, in se bodo strdili, ko se ohladijo.

h) Piškote prestavimo na rešetko, da se ohladijo.

i) Ponavljajte korake od 6 do 8, dokler ni preostalo testo vafljano.

29. Red Velvet Ice Cream Waffle

IZDELEK: Naredi 8 sendvičev

Sestavine

- 1¾ skodelice večnamenske moke
- ¼ skodelice nesladkanega kakava
- 1 čajna žlička sode bikarbone
- 1 čajna žlička soli
- 1 skodelica repičnega olja
- 1 skodelica granuliranega sladkorja
- 1 veliko jajce
- 3 žlice rdeče jedilne barve
- 1 čajna žlička čistega vanilijevega ekstrakta
- 1½ čajne žličke destiliranega belega kisa
- ½ skodelice pinjenca
- Sprej za kuhanje proti prijemanju
- 1½ litra vaniljevega sladoleda
- 2 skodelici polsladkih mini čokoladnih koščkov

Navodila

a) Segrejte pekač za vaflje na srednji temperaturi.

b) V srednje veliki skledi zmešajte moko, kakav, sodo bikarbono in sol. Odložite.

c) V skledi stojnega mešalnika ali z električnim ročnim mešalnikom v veliki skledi pri srednji hitrosti stepajte olje in sladkor, dokler se dobro ne zmešata. Stepite v jajce. Zmanjšajte mešalnik in počasi dodajte jedilno barvo in vanilijo.

d) Zmešajte kis in pinjenec. Dodajte polovico te mešanice pinjenca v veliko skledo z oljem, sladkorjem in jajcem. Mešajte, da se združi, nato pa dodajte polovico mešanice moke. Postrgajte posodo in premešajte le toliko, da se prepričate, da ni nezmešane moke. Dodajte preostalo mešanico pinjenca, premešajte, da se združi, in nato dodajte zadnjo mešanico moke. Še enkrat premešamo, le toliko, da ni nezmešane moke.

e) Obe strani rešetke pekača za vaflje premažite s sprejem proti prijemanju. V pekač za vaflje vlijte toliko testa, da pokrije mrežo, zaprite pokrov in kuhajte, dokler vaflji niso dovolj čvrsti, da jih lahko odstranite iz pekača za vaflje, 4 minute.

f) Pustite, da se vaflji nekoliko ohladijo na rešetki. S kuhinjskimi škarjami ali ostrim nožem vaflje razdelite na dele (verjetno pravokotnike, kline ali srčke, odvisno od vašega pekača za vaflje). Ponovite, da naredite skupno 16 delov.

g) Medtem ko se deli vafljev ohlajajo, postavite sladoled na pult, da se mehča za 10 minut.

h) Ko se sladoled zmehča, položite polovico delov vafljev in na vsakega z lopatko namažite sladoled približno 1 cm debelo. Na vrh položite preostale dele, da naredite 8 sendvičev. Z gumijasto lopatico postrgajte morebitne prelive sladoleda, da poravnate robove.

i) Nato potopite robove sladoleda v skledo ali plitko posodo, napolnjeno z majhnimi čokoladnimi koščki.

j) Vsak sendvič tesno zavijte v plastično folijo, položite v vrečko z zadrgo in postavite vrečko v zamrzovalnik za vsaj 1 uro, da se sladoled strdi. Nekaj minut pred serviranjem sendvič odstranite, da se nekoliko zmehča.

30. Vafljan bananin kruh

DOBITEV: Za 10 do 15 rezin bananinega kruha v vaflju

Sestavine

- 1 skodelica plus 2 žlici granuliranega sladkorja
- 1 čajna žlička mletega cimeta
- 3 srednje velike zrele banane, narezane na $\frac{1}{8}$ palca debele kolobarje
- 8 žlic (1 palčka) nesoljenega masla, zmehčanega
- $\frac{1}{2}$ skodelice pakiranega svetlo rjavega sladkorja
- 6 unč kremnega sira, zmehčanega, narezanega na približno 1 unčo velike kose
- 2 veliki jajci
- 1 čajna žlička čistega vanilijevega ekstrakta
- $1\frac{1}{2}$ skodelice večnamenske moke
- $\frac{1}{2}$ skodelice nekuhanega staromodnega ovsa
- $1\frac{1}{2}$ čajne žličke pecilnega praška
- $\frac{1}{4}$ čajne žličke soli IN pršilo za kuhanje proti prijemanju

Navodila

a) V majhni skledi zmešajte 2 žlici granuliranega sladkorja in cimet. Narezane koščke banane položite v manjšo skledo, nato pa jih potresite z mešanico cimeta in sladkorja. Mešajte, da se mešanica cimeta in sladkorja enakomerno porazdeli. Banane pustimo stati 30 minut.

b) V skledi stoječega mešalnika, opremljenega z nastavkom za lopatico, ali z električnim ročnim mešalnikom zmešajte maslo, preostalo skodelico granuliranega sladkorja in rjavi sladkor, dokler se dobro ne zmešajo. Dodajte kremni sir in mešajte, dokler ni popolnoma vključen v mešanico sladkorja. Dodajte jajca enega za drugim in mešajte, dokler se ne vmešajo v testo. Dodajte vanilijo in dobro premešajte, da se združi.

c) V srednje veliki skledi za mešanje zmešajte moko, oves, pecilni prašek in sol. Ko je mešanica premešana, zlijte mešanico moke v mešanico masla in sladkorja. Mešajte, dokler se suhe sestavine popolnoma ne zmešajo z mokrimi sestavinami, strgajte po skledi, da zagotovite, da je mešanica dobro združena.

d) Banane in morebitno nabrano tekočino nalijte v skledo in nežno prepognite, da se zlijejo.

e) Segrejte pekač za vaflje na srednji temperaturi. Obe strani rešetke pekača za vaflje premažite s sprejem proti prijemanju. Pečico segrejte na najnižjo stopnjo.

f) Notranjost merilne skodelice za ⅓ skodelico premažite s pršilom proti sprijemanju, da se testo sprosti. Odmerite ⅓ skodelice testa in ga vlijte na predhodno segret pekač za vaflje. Zaprite pokrov in kuhajte, dokler bananin kruh ni temno zlato rjav, 5 minut.

g) Končni kos odstranite iz pekača za vaflje in ga položite na rešetko, da se nekoliko ohladi. Ponovite korak 6 s preostalim testom. Končane kose hranite na toplem v pečici.

31. Vafljani S'mores

IZDELEK: Za 4 obroke

Sestavine

- Sprej za kuhanje proti prijemanju
- ½ skodelice bele polnozrnate moke
- ½ skodelice večnamenske moke
- ¼ skodelice trdno pakiranega temno rjavega sladkorja
- ½ čajne žličke sode bikarbone
- ¼ čajne žličke soli
- Ščepec mletega cimeta
- 4 žlice (½ palčke) nesoljenega masla, stopljenega
- 2 žlici mleka
- ¼ skodelice medu
- 1 žlica čistega vanilijevega ekstrakta
- ¾ skodelice polsladkih čokoladnih koščkov
- ¾ skodelice mini marshmallowa

Navodila

a) Segrejte pekač za vaflje na srednji temperaturi. Obe strani rešetke pekača za vaflje premažite s sprejem proti prijemanju.

b) V skledi za mešanje zmešajte moko, rjavi sladkor, sodo bikarbono, sol in cimet. V ločeni skledi zmešajte stopljeno maslo, mleko, med in vanilijo.

c) Dodajte mokre sestavine mešanici moke in mešajte, dokler ne nastane testo.

d) Mešanico pustimo stati 5 minut. To bo precej gostejše od običajne mase za vaflje, vendar ne tako gosto kot testo za kruh.

e) Odmerite približno $\frac{1}{4}$ skodelice testa in ga položite na en del pekača za vaflje. Ponovite z drugo $\frac{1}{4}$ skodelice testa, da dobite vrh in dno za sendvič s'moreffle.

f) Zaprite pokrov in kuhajte, dokler so vaflji graham krekerji še vedno rahlo mehki, vendar kuhani, 3 minute.

g) Previdno odstranite vafljaste graham krekerje iz pekača za vaflje. Precej mehki bodo, zato bodite previdni, da ostanejo nepoškodovani. Pustite jih, da se nekoliko ohladijo. Ponovite korake od 5 do 7 s preostalim delom testa.

32. Vaflji iz koruzne moke iz pinjenca

IZDELEK: 4 do 6 vafljev; služi 4

Sestavine

- 1¾ skodelice večnamenske moke
- ¼ skodelice fino mlete koruzne moke
- 2 žlički sode bikarbone
- 1 čajna žlička soli
- 2 veliki jajci, ločeni
- 1¾ skodelice pinjenca
- 4 žlice nesoljenega masla, stopljenega in ohlajenega
- 1 čajna žlička čistega vanilijevega ekstrakta
- Sprej za kuhanje proti prijemanju
- Maslo in javorjev sirup, za serviranje

Navodila

a) Segrejte pekač za vaflje na srednji temperaturi. Pečico segrejte na najnižjo stopnjo.

b) V veliki skledi zmešajte moko, koruzni zdrob, sodo bikarbono in sol. V ločeni posodi stepemo rumenjake, pinjenec, maslo in vanilijo.

c) V srednje veliki skledi stepamo beljake, dokler ne dobijo mehkega vrha.

d) Med nežnim mešanjem dodajte tekoče sestavine k suhim sestavinam. Nato v testo vmešamo beljake.

e) Obe strani rešetke pekača za vaflje premažite s sprejem proti prijemanju. Testo vlijemo v pekač za vaflje, zapremo pokrov in kuhamo do zlato rjave barve 3 do 5 minut.

f) Odstranite vafelj. Da ostane topel, ga postavite na rešetko v pečico. Ponovite korak 5, da pripravite preostale vaflje.

g) Postrezite z maslom in javorjevim sirupom.

33. Čokoladni vaflji

Naredi 8 do 10

Sestavine

- 7 unč (200 g) polsladkega ali grenkega sladoleda, neobvezno
- čokolada, narezana (ali uporabite čips)
- 4½ unče (130 g) masla, narezanega na kocke
- 2 jajci
- 1½ skodelice (360 ml) mleka
- 1 čajna žlička vanilijevega ekstrakta
- 2 skodelici (260 g) večnamenske moke
- ¾ skodelice (150 g) sladkorja
- ¼ skodelice (35 g) kakava v prahu
- 1 čajna žlička pecilnega praška
- 1 čajna žlička soli
- 1 (45 g) skodelica čokoladnih koščkov

Navodila

a) Nastavite Sear and Press Grill s krožniki za vaflje. Izberite 450°F za zgornjo in spodnjo ploščo. Pritisnite Start za predgretje.

b) Čokolado in maslo dajte v posodo, primerno za mikrovalovno pečico, in 30 sekund segrevajte na 100 % moči. Nenehno mešajte, dokler se čokolada in maslo ne stopita in zmes postane gladka. Odstavimo, da se nekoliko ohladi.

c) V veliki mešalni posodi ali vrču stepite jajca, mleko in vanilijo ter premešajte ohlajeno čokoladno zmes, dokler ni gladka.

d) V veliko posodo za mešanje presejte moko, sladkor, kakav v prahu, pecilni prašek in sol ter v sredini naredite jamico.

e) Vlijemo jajčno mešanico in stepamo, dokler ni skoraj gladka z le nekaj grudicami. Premešajte čokoladne koščke.

f) Ko je predgretje končano; zelena lučka za pripravljenost bo zasvetila. Dodajte ½ skodelice testa v vsak kvadrat vaflja.

Zaprite pokrov in kuhajte, dokler ni kuhano in suho na dotik. To bo trajalo približno $3\frac{1}{2}$-4 minute. Vaflje vzamemo ven in položimo na rešetko, da se nekoliko ohladijo.

g) Ponovite s preostalim testom. Po želji postrezite s sladoledom.

34. Vaflji s poširano rabarbaro

Naredi 8 do 10

Sestavine

- 2 jajci, ločeni
- 1 funt sveže rabarbare, urejeno in oprano
- 1¾ skodelice (420 ml) mleka
- ¼ skodelice sladkorja
- 1 čajna žlička vanilijevega ekstrakta
- 4 unče (115 g) masla, stopljenega za serviranje
- 1 x 4,6 unč (130 g) pakiranja vanilijevega sladkorja v prahu, neobvezno.
- mešanica za puding Vanilijeva krema, po želji.
- 2¼ skodelice (295 g) večnamenske moke
- 2 žlički pecilnega praška
- ¼ čajne žličke soli
- ½ skodelice (100 g) sladkorja

Navodila

a) Nastavite Sear and Press Grill s krožniki za vaflje. Izberite 410°F za zgornjo ploščo in 350°F za spodnjo ploščo. Pritisnite Start za predgretje.

b) Za poširano rabarbaro narežite stebla rabarbare na ½-palčne dolžine in jih položite v ponev s sladkorjem in 1 skodelico vode. Na majhnem ognju kuhamo toliko časa, da se rabarbara zmehča, a ne razpade. Povsem ohladite.

c) Za vaflje zmešajte rumenjake, mleko, vanilijev ekstrakt in stopljeno maslo v veliki posodi za mešanje.

d) V veliki posodi za mešanje zmešajte mešanico za puding, moko, pecilni prašek, sol in sladkor ter v sredini naredite jamico.

e) Previdno vlijemo mešanico jajc in mleka ter mešamo, dokler se ravno ne združi.

f) Beljake stepamo z električnim stepalnikom do čvrstih vrhov. Zložite testo za vaflje.

g) Ko je predgretje končano; zelena lučka za pripravljenost bo zasvetila. Dodajte $\frac{1}{2}$ skodelice testa v vsak kvadrat vaflja.

h) Zaprite pokrov in kuhajte, dokler ni kuhano in zlato rjavo. To bo trajalo približno 4 minute ali dokler ni kuhano po vaših željah. Vaflje vzamemo ven in položimo na rešetko, da se nekoliko ohladijo.

i) Ponovite s preostalim testom. Postrezite z gosto vanilijevo kremo in rabarbaro; potresemo s sladkorjem v prahu.

35. Vaflji s tremi siri

Naredi 10 do 12

Sestavine
- 4 jajca, ločena
- 2¼ skodelice (540 ml) mleka
- 4 unče (115 g) masla, stopljenega
- ½ skodelice (40 g) naribanega parmezana
- ½ skodelice (40 g) naribane mocarele ¼ skodelice (20 g) naribanega provolona
- 3 L skodelice (435 g) večnamenske moke
- 1 žlica pecilnega praška
- 1 čajna žlička sode bikarbone
- 1 čajna žlička košer soli
- 1 skodelica (10 g) drobno sesekljanega drobnjaka

Navodila

a) Nastavite Sear and Press Grill s krožniki za vaflje. Izberite 450°F za zgornjo in spodnjo ploščo. Pritisnite Start za predgretje.
b) Rumenjake, mleko in maslo zmešamo in stepamo, da se dobro povežejo.
c) V veliko skledo za mešanje dajte sir, moko, pecilni prašek, sodo bikarbono in sol ter v sredini naredite jamico.
d) Vlijemo jajčno mešanico in mešamo, dokler se ravno ne združi.
e) Beljake stepamo z električnim stepalnikom do čvrstih vrhov. Prepognite testo za vaflje skupaj s sesekljanim drobnjakom.
f) Ko je predgretje končano; zelena lučka za pripravljenost bo zasvetila. Dodajte ½ skodelice testa v vsak kvadrat vaflja. Zaprite pokrov in kuhajte, dokler ni kuhano in zlato rjavo. To bo trajalo približno 4-5 minut ali dokler ni kuhano po vaših željah.

36. Vaflji iz pinjenca

Naredi 6 vafljev

Sestavine:

- 2 skodelici večnamenske moke
- 2 žlici polente ali posušene koruze
- 2 žlici belega sladkorja
- ¾ čajne žličke sode bikarbone
- ¾ čajne žličke soli v kosmičih
- 2½ skodelice pinjenca
- 3 velika jajca
- 1 čajna žlička čistega vanilijevega ekstrakta
- 2/3 skodelice rastlinskega olja

Navodila

a) Združite suhe sestavine v veliki skledi za mešanje; stepajte, dokler se dobro ne zmeša. V veliki merilni skodelici ali ločeni skledi za mešanje zmešajte preostale sestavine in jih zmešajte.

b) Dodajte tekoče sestavine k suhim sestavinam in mešajte, dokler ni gladka.

c) Pekač za vaflje predhodno segrejte na želeno nastavitev (po predgretju se bo oglasil zvok).

d) Skozi vrh dulca nalijte majhno skodelico testa. Ko se oglasi zvok, je vafelj pripravljen. Previdno odprite pekač za vaflje in odstranite pečen vafelj.

e) Zaprite pekač za vaflje in ponovite s preostalim testom.

37. Belgijski vaflji

Naredi 5 vafljev

Sestavine:
- 2 skodelici večnamenske moke
- 2 žlici polente
- $\frac{3}{4}$ čajne žličke soli v kosmičih
- $\frac{1}{2}$ čajne žličke sode bikarbone
- 2 veliki jajci, ločeni
- $2\frac{1}{2}$ skodelice pinjenca
- $\frac{1}{4}$ skodelice rastlinskega olja
- $\frac{1}{2}$ čajne žličke čistega vanilijevega ekstrakta
- Ščepec kreme iz vinskega kamna

Navodila

a) Združite prve štiri sestavine v veliki skledi za mešanje; stepajte, dokler se dobro ne zmeša.

b) V veliki merilni skodelici ali ločeni posodi za mešanje zmešajte jajčne rumenjake, pinjenec, olje in vanilijev ekstrakt ter stepajte, dokler se dobro ne premešajo.

c) Dodajte tekoče sestavine k suhim sestavinam in mešajte, dokler ni gladka.

d) Beljake in vinski kamen dajte v ločeno, čisto in veliko skledo. Z metlico za stepanje ali ročnim mešalnikom z nastavkom za stepanje stepamo do srednjih vrhov. Z veliko lopatko dodajte stepene beljake preostalemu delu testa in premešajte, da se združi – pazite, da v testu ni grudic beljakov. Po potrebi stepamo, da postane gladka masa.

e) Pekač za vaflje predhodno segrejte na želeno nastavitev (po predgretju se bo oglasil zvok).

f) Počasi vlijte polno skodelico testa skozi vrh dulca, pri čemer pazite, da pustite, da testo steče v pekač za vaflje in ne napolnite dulca s testom naenkrat. Ko se oglasi zvok, je vafelj pripravljen.

g) Previdno odprite pekač za vaflje in odstranite pečen vafelj. Zaprite pekač za vaflje in ponovite s preostalim testom.

38. Večzrnati vaflji

Naredi 4 vaflje

Sestavine:
- 1 skodelica polnozrnate moke
- ½ skodelice večnamenske moke
- ¼ skodelice mandljevega obroka
- ¼ skodelice pšeničnih kalčkov
- 1 čajna žlička pecilnega praška
- ½ čajne žličke soli v kosmičih
- ½ čajne žličke mletega cimeta
- ¼ čajne žličke sode bikarbone
- 2 skodelici mleka brez mleka
- 2 žlički destiliranega belega kisa
- 2 veliki jajci
- 2 žlici čistega javorjevega sirupa
- 1 čajna žlička čistega vanilijevega ekstrakta
- ¼ skodelice rastlinskega olja
- 2 žlici lanenega olja

Navodila

a) Združite suhe sestavine v veliki skledi za mešanje; stepajte, dokler se dobro ne zmeša. V veliki merilni skodelici ali ločeni skledi za mešanje zmešajte preostale sestavine in jih dobro mešajte.

b) Dodajte tekoče sestavine k suhim sestavinam in mešajte, dokler ni gladka.

c) Pekač za vaflje predhodno segrejte na želeno nastavitev (po predgretju se bo oglasil zvok).

d) Skozi vrh dulca nalijte majhno skodelico testa. Ko se oglasi zvok, je vafelj pripravljen.

e) Previdno odprite pekač za vaflje in odstranite pečen vafelj. Zaprite pekač za vaflje in ponovite s preostalim testom.

39. Ajdovi vaflji

Naredi 6 vafljev

Sestavine
- $1\frac{1}{2}$ skodelice večnamenske moke
- $\frac{1}{2}$ skodelice ajdove moke
- 2 žlici polente
- 2 žlici belega sladkorja
- $\frac{3}{4}$ čajne žličke sode bikarbone
- $\frac{3}{4}$ čajne žličke soli v kosmičih
- $2\frac{1}{2}$ skodelice pinjenca
- 3 velika jajca
- 1 čajna žlička čistega vanilijevega ekstrakta
- 2/3 skodelice rastlinskega olja

Navodila

a) Združite suhe sestavine v veliki skledi za mešanje; stepajte, dokler se dobro ne zmeša. V veliki merilni skodelici ali ločeni skledi za mešanje zmešajte preostale sestavine in jih zmešajte.

b) Dodajte tekoče sestavine k suhim sestavinam in mešajte, dokler ni gladka.

c) Pekač za vaflje predhodno segrejte na želeno nastavitev.

d) Skozi vrh dulca nalijte majhno skodelico testa. Ko se oglasi zvok, je vafelj pripravljen. Previdno odprite pekač za vaflje in odstranite pečen vafelj.

e) Zaprite pekač za vaflje in ponovite s preostalim testom.

40. Vaflji s sadjem in javorjevim sirupom

Naredi 3 vaflje

Sestavine:
- 1½ skodelice riževe moke
- ¼ skodelice tapiokinega škroba
- 2 žlici mleka v prahu
- 2 žlici belega sladkorja
- 2 žlički pecilnega praška
- ¾ čajne žličke soli v kosmičih
- 1½ skodelice pinjenca
- 1 veliko jajce
- 2 žlički čistega vanilijevega ekstrakta
- 1/3 skodelice rastlinskega olja

Navodila

a) Združite suhe sestavine v veliki skledi za mešanje; stepajte, dokler se dobro ne zmeša. V veliki merilni skodelici ali ločeni skledi za mešanje zmešajte preostale sestavine in jih zmešajte.

b) Dodajte tekoče sestavine k suhim sestavinam in mešajte, dokler ni gladka.

c) Pekač za vaflje predhodno segrejte na želeno nastavitev (po predgretju se bo oglasil zvok).

d) Skozi vrh dulca nalijte 1 polno skodelico testa. Ko se oglasi zvok, je vafelj pripravljen. Previdno odprite pekač za vaflje in odstranite pečen vafelj.

e) Zaprite pekač za vaflje in ponovite s preostalim testom.

41. Vaflji s polento in drobnjakom

Naredi 6 vafljev

Sestavine:
- 2 skodelici večnamenske moke
- ½ skodelice polente ali posušene koruze
- 1 čajna žlička soli v kosmičih
- ¾ čajne žličke sode bikarbone
- 2½ skodelice pinjenca
- 3 velika jajca
- 2/3 skodelice rastlinskega olja
- ¼ skodelice drobno sesekljanega svežega drobnjaka

Navodila

a) Zmešajte moko, polento, sol in sodo bikarbono v veliki skledi za mešanje; metlico zmešajte. V veliki merilni skodelici ali ločeni posodi za mešanje zmešajte tekoče sestavine in jih zmešajte.

b) Dodajte k suhim sestavinam in mešajte, dokler ni gladka. Zložite drobnjak.

c) Pekač za vaflje predhodno segrejte na želeno nastavitev (po predgretju se bo oglasil zvok).

d) Skozi vrh dulca nalijte majhno skodelico testa. Ko se oglasi zvok, je vafelj pripravljen. Previdno odprite pekač za vaflje in odstranite pečen vafelj.

e) Zaprite pekač za vaflje in ponovite s preostalim testom.

42. Začinjeni vaflji s sirom

Naredi 6 vafljev

Sestavine:

- 2 skodelici večnamenske moke
- ¼ skodelice polente ali posušene koruze
- ¾ čajne žličke sode bikarbone
- ½ čajne žličke soli v kosmičih
- ¼ čajne žličke kajenskega popra
- 2½ skodelice pinjenca
- 2 veliki jajci
- 2/3 skodelice rastlinskega olja
- ½ skodelice drobno narezanega čedarja

Navodila

a) V veliki posodi za mešanje zmešajte moko, polento, sodo bikarbono, sol in začimbe; metlico zmešajte.

b) V veliki merilni skodelici ali ločeni posodi za mešanje zmešajte tekoče sestavine in jih zmešajte. Dodajte k suhim sestavinam in mešajte, dokler ni gladka. Zložite čedar.

c) Pekač za vaflje predhodno segrejte na želeno nastavitev (po predgretju se bo oglasil zvok).

d) Počasi vlijte majhno skodelico testa skozi vrh dulca, pri čemer pazite, da pustite, da testo steče v pekač za vaflje in ne napolnite dulca s testom naenkrat.

e) Ko se oglasi zvok, je vafelj pripravljen.

f) Previdno odprite pekač za vaflje in odstranite pečen vafelj.

g) Zaprite pekač za vaflje in ponovite s preostalim testom.

43. Piščanec in vaflji

Za 8 obrokov

Sestavine:
- 2 skodelici pinjenca
- 1 žlica pekoče omake
- 1 žlica dijonske gorčice
- 1½ čajne žličke soli v kosmičih, razdeljeno
- 1½ čajne žličke sveže mletega črnega popra
- 8 piščančjih prsi brez kosti in kože (700 g), tanko pretlačenih
- 2 skodelici večnamenske moke
- 1½ čajne žličke pecilnega praška
- 1 čajna žlička paprike
- Rastlinsko olje za cvrtje
- 4 pripravljeni vaflji s polento in drobnjakom

Navodila

a) V srednje veliki, nereaktivni posodi zmešajte pinjenec, pekočo omako, gorčico, 1 čajno žličko soli in 1 čajno žličko sveže mletega popra.

b) Dodamo koščke piščanca in dobro premažemo z mešanico pinjenca. Hladite čez noč.

c) V plitvi posodi za mešanje zmešajte moko, pecilni prašek, papriko ter preostalo sol in poper.

d) Cvrtnik predgrejte na 190°C.

e) Medtem ko se olje segreva, pekač obložite s papirnatimi brisačkami in v pekač vstavite rešetko za hlajenje; rezerva.

f) Odstranite piščanca iz mešanice pinjenca in vsak kos piščanca rahlo enakomerno premažite z mešanico moke, tako da odstranite morebitni presežek.

g) Piščanca cvremo v serijah, približno 3 minute na vsako stran. Notranja temperatura piščanca naj bo 80 °C. Prenesite na pripravljeno stojalo za hlajenje.

h) Vsak vafelj namažite s sestavljenim maslom ali majonezo, nato nanj položite 2 kosa piščanca; po vrhu pokapljajte slano sladko omako.

44. Vaflji z limono in makom

Naredi 6 vafljev

Sestavine:
- 2 skodelici večnamenske moke
- 2 žlici polente
- 2 žlici belega sladkorja
- 2 žlici makovih semen
- ¾ čajne žličke sode bikarbone
- ¾ čajne žličke soli v kosmičih
- 2½ skodelice pinjenca
- 2 veliki jajci
- 1 žlica naribane limonine lupinice
- 1 čajna žlička svežega limoninega soka
- 1 čajna žlička čistega vanilijevega ekstrakta
- 2/3 skodelice rastlinskega olja

Navodila

a) Zmešajte vse suhe sestavine v veliki skledi za mešanje; stepajte, dokler se dobro ne zmeša. V veliki merilni skodelici ali ločeni skledi za mešanje zmešajte preostale sestavine in jih zmešajte.

b) Dodajte tekoče sestavine k suhim sestavinam in mešajte, dokler ni gladka.

c) Pekač za vaflje predhodno segrejte na želeno nastavitev.

d) Skozi vrh dulca nalijte majhno skodelico testa. Ko se oglasi zvok, je vafelj pripravljen. Previdno odprite pekač za vaflje in odstranite pečen vafelj.

e) Zaprite pekač za vaflje in ponovite s preostalim testom.

45. Vaflji z rikoto in malinami

Naredi 6 vafljev

Sestavine:
- 2 skodelici večnamenske moke
- 2 žlici polente
- 2 žlici belega sladkorja
- ¾ čajne žličke sode bikarbone
- ¾ čajne žličke soli v kosmičih
- 2 skodelici pinjenca
- 2 veliki jajci
- 2/3 skodelice rikote
- 1 čajna žlička čistega vanilijevega ekstrakta
- ½ skodelice rastlinskega olja
- ¼ skodelice malinove marmelade/konzerve

Navodila

a) Združite suhe sestavine v veliki skledi za mešanje; stepajte, dokler se dobro ne zmeša. V veliki merilni skodelici ali ločeni skledi za mešanje zmešajte pinjenec, jajca, rikoto, ekstrakt vanilije in olje; metlico zmešajte.

b) Dodajte tekoče sestavine k suhim sestavinam in mešajte, dokler ni gladka. Na testo nanesite marmelado/konzervo in jo zavrtite.

c) Pekač za vaflje predhodno segrejte na želeno nastavitev (po predgretju se bo oglasil zvok).

d) Počasi vlijte majhno skodelico testa skozi vrh dulca, pri čemer pazite, da pustite, da testo steče v pekač za vaflje in ne napolnite dulca s testom naenkrat.

e) Ko se oglasi zvok, je vafelj pripravljen. Previdno odprite pekač za vaflje in odstranite pečen vafelj.

f) Zaprite pekač za vaflje in ponovite s preostalim testom.

46. Bananini vaflji

Naredi 6 vafljev

Sestavine:

- 2 skodelici večnamenske moke
- 2 žlici polente ali posušene koruze
- 2 žlici svetlo rjavega sladkorja
- ¾ čajne žličke sode bikarbone
- ¾ čajne žličke soli v kosmičih
- ¼ čajne žličke mletega cimeta
- 2 skodelici pinjenca
- 2 veliki jajci
- 1 skodelica pretlačene banane
- 2 žlički čistega vanilijevega ekstrakta
- 2/3 skodelice rastlinskega olja

Navodila

a) Združite suhe sestavine v veliki skledi za mešanje; stepajte, dokler se dobro ne zmeša.

b) V veliki merilni skodelici ali ločeni posodi za mešanje zmešajte preostale sestavine in zmešajte, da se združijo (prepričajte se, da je banana dobro zmešana).

c) Če so grudice, jih lahko zgladite s paličnim ali namiznim mešalnikom ali kuhinjskim robotom).

d) Tekoče sestavine dodamo suhim in stepamo do gladkega.

e) Pekač za vaflje predhodno segrejte na želeno nastavitev (po predgretju se bo oglasil zvok).

f) Skozi vrh dulca nalijte majhno skodelico testa. Ko se oglasi zvok, je vafelj pripravljen. Previdno odprite pekač za vaflje in odstranite pečen vafelj.

g) Zaprite pekač za vaflje in ponovite s preostalim testom.

47. Čokoladni vaflji

Naredi 6 vafljev

Sestavine:
- 2 skodelici večnamenske moke
- ½ skodelice belega sladkorja
- 2/3 skodelice nesladkanega kakava v prahu, presejanega
- 2 žlički pecilnega praška
- ½ čajne žličke sode bikarbone
- ½ čajne žličke soli v kosmičih
- ½ čajne žličke mletega cimeta
- 2½ skodelice pinjenca
- 2 veliki jajci
- 1 čajna žlička čistega vanilijevega ekstrakta
- 1/3 skodelice rastlinskega olja
- ½ skodelice polsladke mini čokolade
- grižljaji

Navodila

a) V veliki posodi za mešanje zmešajte moko, sladkor, kakav v prahu, pecilni prašek, sodo bikarbono, sol in cimet; stepajte, da se zmeša.

b) V veliki merilni skodelici ali ločeni posodi za mešanje zmešajte tekoče sestavine in jih zmešajte.

c) Dodajte k suhim sestavinam in mešajte, dokler ni gladka. Zložite zalogaje.

d) Pekač za vaflje predhodno segrejte na želeno nastavitev (po predgretju se bo oglasil zvok).

e) Skozi vrh dulca nalijte majhno skodelico testa. Ko se oglasi zvok, je vafelj pripravljen. Previdno odprite pekač za vaflje in odstranite pečen vafelj.

f) Zaprite pekač za vaflje in ponovite s preostalim testom.

48. Vaflji s cimetom in sladkorjem

Naredi 6 vafljev

Sestavine:
- 2 skodelici večnamenske moke
- 2 žlici polente ali posušene koruze
- ¼ skodelice pakiranega svetlega ali temno rjavega sladkorja
- 1 čajna žlička mletega cimeta
- ¾ čajne žličke sode bikarbone
- ¾ čajne žličke soli v kosmičih
- 2½ skodelice pinjenca
- 2 veliki jajci
- 1 čajna žlička čistega vanilijevega ekstrakta
- 2/3 skodelice rastlinskega olja

Navodila

a) Združite suhe sestavine v veliki skledi za mešanje; stepajte, dokler se dobro ne zmeša.

b) V veliki merilni skodelici ali ločeni skledi za mešanje zmešajte preostale sestavine in jih zmešajte.

c) Dodajte k suhim sestavinam in mešajte, dokler ni gladka.

d) Pekač za vaflje predhodno segrejte na želeno nastavitev (po predgretju se bo oglasil zvok).

e) Skozi vrh dulca nalijte majhno skodelico testa. Ko se oglasi zvok, je vafelj pripravljen. Previdno odprite pekač za vaflje in odstranite pečen vafelj.

f) Zaprite pekač za vaflje in ponovite s preostalim testom.

49. Vaflji z jagodno torto

Za 4 porcije

Sestavine:
- 1 liter svežih jagod, oluščenih in narezanih
- 3 žlice belega sladkorja
- Ščepec naribane soli
- 1 skodelica goste smetane
- 3 žlice slaščičarskega sladkorja
- ½ čajne žličke čistega vanilijevega ekstrakta
- pripravljeni vaflji

Navodila

a) V srednje veliki skledi skupaj zmešajte jagode, beli sladkor in ščepec soli. Postavite na stran, da se macerira, dokler ni pripravljen za serviranje.

b) V veliki skledi za mešanje zmešajte smetano, sladkor v prahu, vanilijo in sol.

c) Z ročnim mešalnikom, opremljenim z nastavkom za stepanje, mešajte, dokler ne dosežete srednje mehkih vrhov. Rezerva.

d) Za serviranje prelijte s stepeno smetano in nato nekaj maceriranih jagod.

e) Pokapajte malo jagodnega soka (zbranega na dnu posode za mešanje) po jagodah. Po želji potresemo s sladkorjem v prahu.

f) Za vsak vafelj potrebujete le približno 1/3 skodelice stepene smetane in 1/3 skodelice jagod.

PALAČINKE

50. Rdeče žametne palačinke

Sestavine:

Preliv

- ½ skodelice navadnega kefirja
- 2 žlici sladkorja v prahu

Palačinke

- 1¾ skodelice staromodnega valjanega ovsa
- 3 žlice kakava v prahu
- 1½ čajne žličke pecilnega praška
- 1 čajna žlička sode bikarbone
- ¼ čajne žličke soli
- 3 žlice javorjevega sirupa
- 2 žlici kokosovega olja (stopljenega)
- 1½ skodelice 2% mleka z nizko vsebnostjo maščobe
- 1 veliko jajce
- 1 čajna žlička rdeče jedilne barve
- Čokoladni ostružki ali čips za serviranje

Navodila

a) Za preliv dodajte obe sestavini v majhno skledo in mešajte, dokler se ne združita. Odložite.

b) Za palačinke dodajte vse izdelke v mešalnik z visoko hitrostjo in močno

stepajte, da se utekočinijo. Prepričajte se, da je vse dobro zmešano.
c) Pustite testo počivati 5 do 10 minut. To omogoči, da se vse sestavine združijo in testo dobi boljšo konsistenco.
d) Ponev ali rešetko, ki se ne sprijema, izdatno poškropite z rastlinskim oljem in segrejte na zmernem ognju.
e) Ko je ponev vroča, dodajte testo z merilno skodelico za $\frac{1}{4}$ skodelice in jo vlijte v ponev, da pripravite palačinke. Z merilno skodelico si pomagajte pri oblikovanju palačinke.
f) Pecite, dokler se stranice ne strdijo in na sredini ne nastanejo mehurčki (približno 2 do 3 minute), nato pa palačinko obrnite.
g) Ko je palačinka na tej strani pečena, palačinko odstavimo z ognja in položimo na krožnik.
h) Nadaljujte s temi koraki s preostalim delom testa.
i) Zložite in postrezite s prelivom in čokoladnimi koščki.

51. Palačinke iz temne čokolade

Sestavine:

Polnjenje

- 1 skodelica temnih čokoladnih koščkov
- ½ skodelice težke smetane za stepanje

Palačinke

- 1¾ skodelice staromodnega valjanega ovsa
- 1½ čajne žličke pecilnega praška
- 1 čajna žlička sode bikarbone
- ½ čajne žličke cimeta
- ¼ čajne žličke soli
- 2 žlici kokosovega olja (stopljenega)
- 1 žlica javorjevega sirupa
- 1 čajna žlička vanilijevega ekstrakta
- 1½ skodelice 2% mleka z nizko vsebnostjo maščobe
- 1 veliko jajce
- Sladkor v prahu in narezane jagode, za serviranje

Navodila

Za nadev

a) Čokoladne koščke stresite v skledo, smetano pa vlijte v manjšo kozico.
b) Smetano segrevajte, da robovi postanejo mehurčki, nato pa jo prelijte čez čokolado.

c) Pustite čokolado stati 2 minuti (to pomaga, da se čokolada stopi), nato premešajte, da nastane gost ganache.
d) Pekač obložite s peki papirjem.
e) Naoljite notranjost 2-palčnega okroglega modelčka za piškote.
f) V modelček za piškote vlijemo 1 čajno žličko čokolade in jo razporedimo tako, da oblikuje krog. Odstranite rezalnik in nadaljujte z izdelavo ganache krogov (nastalo naj bi približno šest).
g) Pekač postavite v zamrzovalnik in ganache zamrzujte za vsaj 4 ure do čez noč.

Za palačinke

a) Vse sestavine, razen jagod, dodajte v mešalnik z visoko hitrostjo in močno stepajte, da se utekočini. Prepričajte se, da je vse dobro zmešano.
b) Maso vlijemo v skledo in pustimo počivati 2 do 3 minute. To omogoča, da se testo zgosti, tako da lahko zadrži čokolado, ko palačinke obračate.
c) Ponev ali rešetko, ki se ne sprijema, izdatno poškropite z rastlinskim oljem in segrejte na zmernem ognju.

d) Ko je ponev vroča, z merilno skodelico za ¼ skodelice vlijte testo v ponev.
e) Testo z merilno skodelico nežno razporedite v okroglo obliko.
f) Na sredino testa položite 1 zamrznjen krog ganacheja (obrnjenega tako, da je grudasta stran navzdol) in ga nežno potisnite v testo. Nalijte več testa na ganache krog, dokler ni pokrit.
g) Kuhajte, dokler ni testo suho na dotik (približno 3 do 4 minute), nato pa palačinko previdno obrnite.
h) Nadaljujte s peko, dokler druga stran palačinke ni zlato rjava.
i) Ko je palačinka na tej strani pečena, jo odstavimo z ognja in preložimo na krožnik.
j) Nadaljujte s preostalim testom in čokolado.
k) Palačinke postrezite s sladkorjem v prahu in narezanimi jagodami.

52. Ananasove obrnjene palačinke

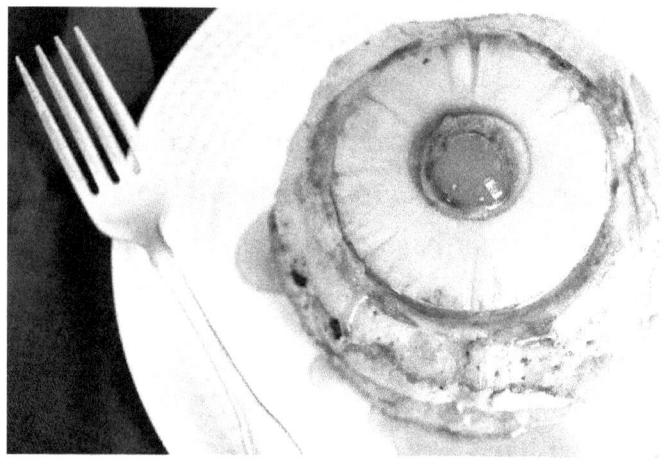

Sestavine:

- 1 (20 unč) pločevinka ananasovih kolobarjev (odcejenih)
- $1\frac{3}{4}$ skodelice staromodnega valjanega ovsa
- $1\frac{1}{2}$ čajne žličke pecilnega praška
- 1 čajna žlička sode bikarbone
- $\frac{1}{2}$ čajne žličke cimeta
- $\frac{1}{4}$ čajne žličke soli
- 2 žlici javorjevega sirupa
- 2 žlici kokosovega olja (stopljenega)
- $1\frac{1}{2}$ skodelice 2% mleka z nizko vsebnostjo maščobe
- 1 veliko jajce
- Rjavi sladkor
- Češnje maraskino (odstranjene pecljice in prerezane na pol) za serviranje

Navodila

a) Ananasove kolobarje položimo na dvojno plast papirnatih brisač, da odteče odvečna tekočina.

b) Dodajte vse izdelke, razen ananasa, rjavega sladkorja in češenj maraskino, v mešalnik z visoko hitrostjo in močno stepajte, da se utekočini. Prepričajte se, da je vse dobro zmešano.

c) Testo vlijemo v skledo in pustimo počivati 2 do 3 minute. To omogoča, da se testo zgosti, tako da lahko drži ananasove kolobarje, ko palačinke obrnete.
d) Ponev ali rešetko, ki se ne sprijema, izdatno poškropite z rastlinskim oljem in segrejte na zmernem ognju.
e) Ko je ponev vroča, uporabite merilno skodelico za $\frac{1}{4}$ skodelice, da vlijete testo v ponev. Z merilno skodelico nežno razporedite testo v okroglo obliko.
f) Na sredino testa položimo kolobar ananasa in ga nežno pritisnemo v testo. Rahlo potresite nekaj rjavega sladkorja neposredno na ananasov kolobar.
g) Kuhajte, dokler ni testo suho na dotik (približno 3 do 4 minute), nato pa palačinko previdno obrnite.
h) Nadaljujte s kuhanjem, dokler ananas ni dober in karameliziran.
i) Ko je palačinka na tej strani pečena, jo odstavimo z ognja in preložimo na krožnik.
j) Vsako palačinko postrezite s češnjo maraskino, ki jo položite na sredino ananasa.

53. Limonine meringue palačinke

Sestavine:

Meringue

- 4 veliki beljaki
- 3 žlice sladkorja

Palačinke

- 2 jajci
- ½ skodelice skute
- ½ čajne žličke vanilijevega ekstrakta
- 1 žlica medu
- ¼ skodelice pirine moke
- ½ čajne žličke pecilnega praška
- ¼ čajne žličke sode bikarbone
- 2 žlički mešanice limoninega želeja brez sladkorja

Navodila

Za meringue

a) Dodajte beljake v skledo za mešanje in stepajte dokler ne nastanejo mehki snegovi. Mehki vrhovi se pojavijo, ko metlice potegnete iz mešanice in vrh se oblikuje, vendar hitro pade.

b) Beljakom dodamo sladkor in stepamo dokler ne nastane čvrst sneg. Trdi vrhovi se pojavijo, ko metlice potegnete iz mešanice in se vrh oblikuje in obdrži svojo obliko.

c) Meringo odstavimo.

d) Jajca, skuto, vanilijo in med stepemo in odstavimo.

e) V drugi skledi zmešajte suhe sestavine, dokler se dobro ne premešajo.

f) Dodajte mokre sestavine k suhim sestavinam in mešajte, dokler se temeljito ne premeša.

g) Ponev ali rešetko, ki se ne sprijema, izdatno poškropite z rastlinskim oljem in segrejte na zmernem ognju.

h) Ko je ponev vroča, dodajte testo z merilno skodelico za $\frac{1}{4}$ skodelice in jo

vlijte v ponev, da pripravite palačinke. Z merilno skodelico si pomagajte pri oblikovanju palačinke.

i) Pecite, dokler se stranice ne strdijo in na sredini ne nastanejo mehurčki (približno 2 do 3 minute), nato pa palačinko obrnite.
j) Ko je palačinka na tej strani pečena, palačinko odstavimo z ognja in položimo na krožnik.
k) Nadaljujte s temi koraki s preostalim delom testa.
l) Zgornje palačinke z meringo.
m) Če želite nazdraviti meringue, lahko uporabite baklo, da robove rahlo porjavite, ali pa palačinke za 2 do 3 minute pospravite pod vročim brojlerjem.

54. Palačinke s cimetovimi zvitki

Sestavine:

Preliv iz indijskega kremnega sira

- 1 skodelica surovih indijskih oreščkov
- ⅓ skodelice vode
- 2 žlici medu
- 1 čajna žlička jabolčnega kisa
- 1 čajna žlička limoninega soka
- ½ čajne žličke vanilijevega ekstrakta
- ½ čajne žličke košer soli

Cimetov nadev

- ½ skodelice rjavega sladkorja
- 4 žlice masla, stopljenega
- 3 žličke cimeta

Palačinke

- 1¾ skodelice staromodnega valjanega ovsa
- 1½ čajne žličke pecilnega praška
- 1 čajna žlička sode bikarbone
- ½ čajne žličke cimeta
- ¼ čajne žličke soli
- 2 žlici kokosovega olja, stopljenega
- 1 žlica javorjevega sirupa
- 1 veliko jajce
- 1 čajna žlička vanilijevega ekstrakta
- 1½ skodelice 2% mleka z nizko vsebnostjo maščobe

Navodila

a) Indijske oreščke čez noč namočimo v vodi.
b) Odcedite indijske oreščke, nato pa jih dodajte v mešalnik skupaj z ostalimi sestavinami.
c) Mešajte mešanico indijskih oreščkov, dokler ni kremasta in brez grudic.
d) Preliv strgamo v posodo z majhnim pokrovom in ga odstavimo.

Za cimetov nadev

a) Dodajte vse sestavine skupaj in premešajte, da se združijo, pazite, da ste razbili vse grudice.
b) To zmes vlijemo v vrečko za sendviče. Vrečki boste odrezali vogalno konico in jo uporabili kot vrečko za stiskanje, da na palačinke nanesete cimetov vrtinec.

Za palačinke

a) Dodajte vse sestavine v mešalnik. Stopljeno kokosovo olje se lahko strdi v kombinaciji s hladnejšimi sestavinami, zato lahko mleko rahlo segrejete, da preprečite, da bi se to zgodilo, če želite.

b) Vse zmešajte v mešalniku, dokler ne dobite gladke tekočine.
c) Zmes za palačinke vlijemo v večjo skledo.
d) Testo pustimo počivati 5 do 10 minut. To omogoči, da se vse sestavine združijo in testo dobi boljšo konsistenco.
e) Ponev ali rešetko, ki se ne sprijema, izdatno poškropite z rastlinskim oljem in segrejte na zmernem ognju.
f) Ko je ponev vroča, dodajte maso z merilno skodelico za $\frac{1}{4}$ skodelice in jo vlijte na ponev, da pripravite palačinke. Testo z merilno skodelico nežno razporedite v okroglo obliko.
g) Odrežite konico vrečke cimetovega nadeva in na palačinko stisnite cimetov vrtinec.
h) Pecite, dokler se stranice ne strdijo in na sredini ne nastanejo mehurčki (približno 2 do 3 minute), nato pa palačinko obrnite.
i) Ko je palačinka na tej strani pečena, palačinko odstavimo z ognja in položimo na krožnik.
j) Palačinke postrezite s prelivom iz indijskih oreščkov.

55. Kefirjeve palačinke

Sestavine:

- 1½ skodelice pirine moke
- 1½ čajne žličke pecilnega praška
- 1 čajna žlička sode bikarbone
- ½ čajne žličke soli
- 2 žlici kokosovega olja, stopljenega
- 2 veliki jajci, pretepeni
- ¼ skodelice 2% mleka z nizko vsebnostjo maščobe
- 1¼ skodelice navadnega kefirja, rahlo segretega
- ¼ skodelice javorjevega sirupa
- Borovnice, za serviranje (neobvezno)

Navodila

a) V veliko skledo dodajte moko, pecilni prašek, sodo bikarbono in sol ter premešajte, da se dobro premeša.

b) Dodajte preostale sestavine v drugo skledo in premešajte, da se dobro premešajo. Stopljeno kokosovo olje se lahko strdi v kombinaciji s hladnejšimi sestavinami, zato lahko mleko rahlo segrejete, da preprečite, da bi se to zgodilo, če želite.

c) Vlijte mokre sestavine v suhe sestavine in mešajte, dokler niso vse sestavine mokre.
d) Testo pustimo počivati 2 do 3 minute. To omogoči, da se vse sestavine združijo in testo dobi boljšo konsistenco.
e) Ponev ali rešetko, ki se ne sprijema, izdatno poškropite z rastlinskim oljem in segrejte na zmernem ognju.
f) Ko je ponev vroča, dodajte testo z merilno skodelico za $\frac{1}{4}$ skodelice in jo vlijte v ponev, da pripravite palačinke. Z merilno skodelico si pomagajte pri oblikovanju palačinke.
g) Pecite, dokler se stranice ne strdijo in na sredini ne nastanejo mehurčki (približno 2 do 3 minute), nato pa palačinko obrnite.
h) Ko je palačinka na tej strani pečena, palačinko odstavimo z ognja in položimo na krožnik.
i) Nadaljujte s temi koraki s preostalim delom testa. Po želji postrezite z borovnicami.

56. Skutine palačinke

Sestavine:
- ¼ skodelice pirine moke
- ½ čajne žličke pecilnega praška
- ¼ čajne žličke sode bikarbone
- ⅛ čajne žličke cimeta
- ⅛ čajne žličke soli
- 2 veliki jajci, pretepeni
- ½ skodelice 2% skute z nizko vsebnostjo maščob
- 1 žlica medu
- ½ čajne žličke vanilijevega ekstrakta
- Jagode, za serviranje (neobvezno)

Navodila

a) Dodajte vse suhe sestavine v skledo in mešajte, dokler se dobro ne združijo.
b) V ločeni skledi zmešajte mokre sestavine skupaj.
c) Dodajte mokre sestavine k suhim sestavinam in zmešajte, da se dobro premešajo.
d) Pustite testo počivati 5 do 10 minut. To omogoča, da se vse sestavine združijo in dobite boljšo konsistenco testa.

e) Ponev ali rešetko, ki se ne sprijema, izdatno poškropite z rastlinskim oljem in segrejte na zmernem ognju.
f) Ko je ponev vroča, dodajte testo z merilno skodelico za ¼ skodelice in jo vlijte v ponev, da pripravite palačinke. Z merilno skodelico si pomagajte pri oblikovanju palačinke.
g) Pecite, dokler se stranice ne strdijo in na sredini ne nastanejo mehurčki (približno 2 do 3 minute), nato pa palačinko obrnite.
h) Ko je palačinka na tej strani pečena, palačinko odstavimo z ognja in položimo na krožnik.
i) Nadaljujte s temi koraki s preostalim delom testa. Po želji postrezite z jagodami.

57. Ovsene palačinke

Sestavine:
- 1¾ skodelice staromodnega valjanega ovsa
- 1½ čajne žličke pecilnega praška
- 1 čajna žlička sode bikarbone
- ½ čajne žličke cimeta
- ¼ čajne žličke soli
- 2 žlici kokosovega olja, stopljenega
- 1 žlica javorjevega sirupa
- 1 veliko jajce
- 1 čajna žlička vanilijevega ekstrakta
- 1½ skodelice 2% mleka z nizko vsebnostjo maščobe
- Jagode in borovnice, za serviranje (neobvezno)

Navodila

a) Dodajte vse sestavine v mešalnik. Stopljeno kokosovo olje se lahko strdi v kombinaciji s hladnejšimi sestavinami, zato lahko mleko rahlo segrejete, da preprečite, da bi se to zgodilo, če želite.

b) Vse zmešajte v mešalniku, dokler ne dobite gladke tekočine.

c) Zmes za palačinke vlijemo v veliko skledo.

d) Testo pustimo počivati 5 do 10 minut. To omogoči, da se vse sestavine združijo in testo dobi boljšo konsistenco.

e) Ponev ali rešetko, ki se ne sprijema, izdatno poškropite z rastlinskim oljem in segrejte na zmernem ognju.

f) Ko je ponev vroča, dodajte testo z merilno skodelico za $\frac{1}{4}$ skodelice in jo vlijte v ponev, da pripravite palačinke. Z merilno skodelico si pomagajte pri oblikovanju palačinke.

g) Pecite, dokler se stranice ne strdijo in na sredini ne nastanejo mehurčki (približno 2 do 3 minute), nato pa palačinko obrnite.

h) Ko je palačinka na tej strani pečena, palačinko odstavimo z ognja in položimo na krožnik.

i) Nadaljujte s temi koraki s preostalim delom testa. Po želji postrezite z jagodami.

58. Palačinke iz 3 sestavin

Sestavine:
- 1 zrela banana in več za serviranje
- 2 veliki jajci
- ½ čajne žličke pecilnega praška

Navodila

a) Dodajte banano v skledo in jo pretlačite, dokler ni lepa in kremasta – brez grudic.

b) Jajca razbijte v drugo skledo in mešajte, dokler niso dobro premešana.

c) V skledo z bananami dodajte pecilni prašek in nato vlijte jajca. Stepamo, da se vse skupaj popolnoma poveže.

d) Ponev ali rešetko, ki se ne sprijema, izdatno poškropite z rastlinskim oljem in segrejte na zmernem ognju.

e) Ko je ponev vroča, dodajte 2 žlici testa v ponev, da pripravite palačinke.

f) Pecite, dokler se stranice ne strdijo (ne boste videli mehurčkov), nato palačinko previdno obrnite.

g) Ko je palačinka na tej strani pečena, jo odstavimo z ognja in preložimo na krožnik.

h) Nadaljujte s temi koraki s preostalim delom testa. Po želji postrezite z narezano banano.

59. Palačinke z mandljevim maslom

Sestavine:

- 1 veliko jajce
- 1 žlica kokosovega olja, stopljenega
- 1 žlica javorjevega sirupa
- 1 žlica mandljevega masla in več za serviranje
- 1 čajna žlička pecilnega praška
- $\frac{1}{2}$ čajne žličke vanilijevega ekstrakta
- $\frac{1}{4}$ čajne žličke soli
- $\frac{1}{2}$ skodelice 2% mleka z nizko vsebnostjo maščobe
- $\frac{3}{4}$ skodelice pirine moke
- Češnje, za serviranje (neobvezno)

Navodila

a) V veliko skledo dodajte jajce, kokosovo olje, javorjev sirup, mandljevo maslo, pecilni prašek, vanilijo in sol, nato zmešajte, da se dobro premeša.

b) Mešanici dodajte mleko in ponovno premešajte, da se združi.

c) Mešanici dodajte moko in premešajte, da se sestavine dobro povežejo.

d) Testo pustimo počivati 2 do 3 minute. To omogoča, da se testo zgosti, tako da se vse sestavine združijo.
e) Ponev ali rešetko, ki se ne sprijema, izdatno poškropite z rastlinskim oljem in segrejte na zmernem ognju.
f) Ko je ponev vroča, dodajte testo z merilno skodelico za $\frac{1}{4}$ skodelice in jo vlijte v ponev, da pripravite palačinke. Z merilno skodelico si pomagajte pri oblikovanju palačinke.
g) Pecite, dokler se stranice ne strdijo in na sredini ne nastanejo mehurčki (približno 2 do 3 minute), nato pa palačinko obrnite.
h) Ko je palačinka na tej strani pečena, palačinko odstavimo z ognja in položimo na krožnik.
i) Nadaljujte s temi koraki s preostalim delom testa.
j) Palačinke postrežemo s stopljenim mandljevim maslom in češnjami po želji. Če želite stopiti mandljevo maslo, zajemite želeno količino v posodo, primerno za uporabo v mikrovalovni

pečici, in v 30-sekundnih intervalih močno segrevajte, dokler se ne stopi. Med segrevanjem mešamo.

60. Tiramisu palačinke

Sestavine:

- 1¾ skodelice staromodnega valjanega ovsa
- 1½ žlice mešanice vaniljevega pudinga brez sladkorja
- 2 žlički instant espressa
- 1½ čajne žličke kakava v prahu
- 1½ čajne žličke pecilnega praška
- 1 čajna žlička sode bikarbone
- ½ čajne žličke cimeta
- ¼ čajne žličke soli
- 2 žlici kokosovega olja, stopljenega
- 1 žlica javorjevega sirupa
- 1 veliko jajce
- 1 čajna žlička vanilijevega ekstrakta
- 1 skodelica 2% mleka z nizko vsebnostjo maščobe
- Stepena smetana, za serviranje
- Čokoladni ostružki, za serviranje

Navodila

a) Dodajte vse sestavine, razen stepene smetane in čokoladnih ostružkov, v mešalnik. Stopljeno kokosovo olje se lahko strdi v kombinaciji s hladnejšimi sestavinami, zato lahko mleko rahlo segrejete, da preprečite, da bi se to zgodilo, če želite.

b) Vse zmešajte v mešalniku, dokler ne dobite gladke tekočine.

c) Zmes za palačinke vlijemo v veliko skledo.

d) Testo pustimo počivati 2 do 3 minute. To omogoči, da se vse sestavine združijo in testo dobi boljšo konsistenco.

e) Ponev ali rešetko, ki se ne sprijema, izdatno poškropite z rastlinskim oljem in segrejte na zmernem ognju.

f) Ko je ponev vroča, dodajte testo z merilno skodelico za ¼ skodelice in jo vlijte v ponev, da pripravite palačinke. Z merilno skodelico si pomagajte pri oblikovanju palačinke.

g) Pecite, dokler se stranice ne strdijo in na sredini ne nastanejo mehurčki (približno

2 do 3 minute), nato pa palačinko obrnite.

h) Ko je palačinka na tej strani pečena, palačinko odstavimo z ognja in položimo na krožnik.

i) Nadaljujte s temi koraki s preostalim delom testa.

j) Po vrhu potresemo s stepeno smetano in čokoladnimi ostružki.

61. Limonino borovničeve palačinke

Sestavine:

- 1½ skodelice pirine moke
- 1½ čajne žličke pecilnega praška
- 1 čajna žlička sode bikarbone
- ½ čajne žličke soli
- Lupina 1 limone
- 2 žlici kokosovega olja, stopljenega
- 2 veliki jajci, pretepeni
- ¼ skodelice 2% mleka z nizko vsebnostjo maščobe
- ¼ skodelice javorjevega sirupa in še več za serviranje
- 1¼ skodelice navadnega kefirja (rahlo segretega)
- ½ skodelice borovnic

Navodila

a) V veliko skledo dodajte moko, pecilni prašek, sodo bikarbono in sol ter zmešajte, da se dobro premeša.

b) V skledo dodajte kokosovo olje, jajca, mleko, javorjev sirup, limonino lupinico in kefir ter zmešajte. Stopljeno kokosovo olje se lahko strdi v kombinaciji s hladnejšimi sestavinami, zato lahko kefir rahlo segrejete, da preprečite, da bi se to zgodilo, če želite.

c) Vlijte mokre sestavine v suhe sestavine in mešajte, dokler niso vse sestavine mokre.

d) Testo pustimo počivati 2 do 3 minute. To omogoči, da se vse sestavine združijo in testo dobi boljšo konsistenco.

e) Ponev ali rešetko, ki se ne sprijema, izdatno poškropite z rastlinskim oljem in segrejte na zmernem ognju.

f) Ko je ponev vroča, dodajte testo z merilno skodelico za $\frac{1}{4}$ skodelice in jo vlijte v ponev, da pripravite palačinke. Z merilno skodelico si pomagajte pri oblikovanju palačinke.

g) Na vsako palačinko položite 3 do 5 borovnic. Jagode naj bodo obrnjene proti sredini, da boste palačinko lažje obrnili.

h) Pecite, dokler se stranice ne strdijo in na sredini ne nastanejo mehurčki (približno 2 do 3 minute), nato pa palačinko obrnite.

i) Ko je palačinka na tej strani pečena, palačinko odstavimo z ognja in položimo na krožnik.

j) Nadaljujte s temi koraki s preostalim delom testa. Postrezite z javorjevim sirupom.

62. Kvinojine palačinke

Sestavine:

- 1 skodelica (poljubne barve) kuhane kvinoje
- ¾ skodelice kvinojine moke
- 2 žlički pecilnega praška
- ½ čajne žličke soli
- 1 žlica stopljenega masla
- ¼ skodelice grškega jogurta
- 2 žlici 2% mleka z nizko vsebnostjo maščobe
- 2 veliki jajci, pretepeni
- 2 žlici javorjevega sirupa
- 1 čajna žlička vanilijevega ekstrakta
- Sadne konzerve, za serviranje (neobvezno)

Navodila

a) V veliko skledo dodajte kvinojo, moko, pecilni prašek in sol skupaj ter premešajte, da se dobro premeša.

b) V drugi skledi stepemo maslo, jogurt, mleko, jajca, javorjev sirup in vanilijo. Vse skupaj stepemo, da se dobro poveže.

c) Dodajte mokre sestavine k suhim sestavinam in mešajte, dokler se temeljito ne premeša.

d) Testo pustimo počivati 2 do 3 minute. To omogoči, da se vse sestavine združijo in testo dobi boljšo konsistenco.

e) Ponev ali rešetko, ki se ne sprijema, izdatno poškropite z rastlinskim oljem in segrejte na zmernem ognju.

f) Ko je ponev vroča, dodajte testo z merilno skodelico za $\frac{1}{4}$ skodelice in jo vlijte v ponev, da pripravite palačinke. Z merilno skodelico si pomagajte pri oblikovanju palačinke.

g) Pecite, dokler se stranice ne strdijo in na sredini ne nastanejo mehurčki (približno 2 do 3 minute), nato pa palačinko obrnite.

h) Ko je palačinka na tej strani pečena, palačinko odstavimo z ognja in položimo na krožnik.

i) Nadaljujte s temi koraki s preostalim delom testa. Po želji postrezite s sadnimi konzervami.

63. Ovsene palačinke z grškim jogurtom

Sestavine:
- 1¾ skodelice staromodnega valjanega ovsa
- 1½ čajne žličke pecilnega praška
- 1 čajna žlička sode bikarbone
- ½ čajne žličke cimeta
- ¼ čajne žličke soli
- 1 veliko jajce
- 2 žlici kokosovega olja, stopljenega
- 1 žlica javorjevega sirupa in več za serviranje
- 1 čajna žlička vanilijevega ekstrakta
- 1 skodelica navadnega grškega jogurta
- ¼ skodelice 2% mleka z nizko vsebnostjo maščobe

Navodila

a) Dodajte vse sestavine v mešalnik. Stopljeno kokosovo olje se lahko strdi v kombinaciji s hladnejšimi sestavinami, zato lahko mleko rahlo segrejete, da preprečite, da bi se to zgodilo, če želite.

b) Vse zmešajte v mešalniku, dokler ne dobite gladke tekočine.

c) Zmes za palačinke vlijemo v veliko skledo.

d) Pustite testo počivati 5 do 10 minut. To omogoči, da se vse sestavine združijo in testo dobi boljšo konsistenco.

e) Ponev ali rešetko, ki se ne sprijema, izdatno poškropite z rastlinskim oljem in segrejte na zmernem ognju.

f) Ko je ponev vroča, dodajte testo z merilno skodelico za ¼ skodelice in jo vlijte v ponev, da pripravite palačinke. Z merilno skodelico si pomagajte pri oblikovanju palačinke.

g) Pecite, dokler se stranice ne strdijo in na sredini ne nastanejo mehurčki (približno 2 minuti), nato pa palačinko obrnite.

h) Ko je palačinka na tej strani pečena, palačinko odstavimo z ognja in položimo na krožnik.

i) Nadaljujte s temi koraki s preostalim delom testa. Postrezite z javorjevim sirupom.

64. Palačinke iz medenjakov

Sestavine:

Preliv

- ¼ skodelice navadnega grškega jogurta
- 1 žlica javorjevega sirupa

Palačinke

- 1 skodelica pirine moke
- 1 čajna žlička sode bikarbone
- 1 čajna žlička mletega ingverja
- 1 čajna žlička mletega pimenta
- 1 čajna žlička cimeta
- ¼ čajne žličke mletih nageljnovih žbic
- ¼ čajne žličke soli
- 1 veliko jajce
- ½ skodelice 2% mleka z nizko vsebnostjo maščobe
- 3 žlice javorjevega sirupa
- 1 čajna žlička vanilijevega ekstrakta

Navodila

a) Zmešajte grški jogurt in javorjev sirup, dokler se dobro ne premešata, in odstavite.

b) V veliko skledo dodajte pirino moko, sodo bikarbono, ingver, piment, cimet, nageljnove žbice in sol ter premešajte, da se dobro premeša.

c) V drugi skledi zmešajte jajce, mleko, javorjev sirup in vanilijo, dokler se dobro ne premešajo.

d) Dodajte mokre sestavine k suhim sestavinam in mešajte, dokler se temeljito ne premeša.

e) Testo pustimo počivati 2 do 3 minute. To omogoči, da se vse sestavine združijo in testo dobi boljšo konsistenco.

f) Ponev ali rešetko, ki se ne sprijema, izdatno poškropite z rastlinskim oljem in segrejte na zmernem ognju.

g) Ko je ponev vroča, dodajte testo z merilno skodelico za $\frac{1}{4}$ skodelice in jo vlijte v ponev, da pripravite palačinke.

h) Kuhajte, dokler se stranice ne strdijo in na sredini ne nastanejo mehurčki.

i) Ko je palačinka na tej strani pečena, palačinko odstavimo z ognja in položimo na krožnik.

j) Nadaljujte s temi koraki s preostalim delom testa. Postrezite z jogurtovim prelivom.

65. Palačinke z grškim jogurtom

Sestavine:

- 1 skodelica pirine moke
- ½ čajne žličke pecilnega praška
- ½ čajne žličke sode bikarbone
- ¾ skodelice navadnega grškega jogurta
- ½ skodelice + 2 žlici 2% mleka z nizko vsebnostjo maščobe
- 1 veliko jajce
- 2 žlici javorjevega sirupa

Navodila

a) V skledo dodajte moko, pecilni prašek in sodo bikarbono ter z metlico premešajte.

b) V drugi posodi zmešajte jogurt, mleko, jajce in javorjev sirup, dokler se dobro ne premešajo.

c) Dodajte mokre sestavine k suhim sestavinam in mešajte, dokler se temeljito ne premeša.

d) Testo pustimo počivati 2 do 3 minute. To omogoči, da se vse sestavine združijo in testo dobi boljšo konsistenco.

e) Ponev ali rešetko, ki se ne sprijema, izdatno poškropite z rastlinskim oljem in segrejte na zmernem ognju.

f) Ko je ponev vroča, dodajte testo z merilno skodelico za $\frac{1}{4}$ skodelice in jo vlijte v ponev, da pripravite palačinke. Z merilno skodelico si pomagajte pri oblikovanju palačinke.

g) Pecite, dokler se stranice ne strdijo in na sredini ne nastanejo mehurčki (približno 2 do 3 minute), nato pa palačinko obrnite.

h) Ko je palačinka na tej strani pečena, palačinko odstavimo z ognja in položimo na krožnik.

i) Nadaljujte s temi koraki s preostalim delom testa.

66. Palačinke iz ovsenih kosmičev in rozin

Sestavine:

Preliv

- ½ skodelice sladkorja v prahu
- 1 žlica 2% mleka z nizko vsebnostjo maščobe

Palačinke

- 1¾ skodelice staromodnega valjanega ovsa
- 2 žlici rjavega sladkorja
- 1½ čajne žličke pecilnega praška
- 1 čajna žlička sode bikarbone
- ½ čajne žličke cimeta
- ¼ čajne žličke soli
- 2 žlici kokosovega olja, stopljenega
- 1 čajna žlička vanilijevega ekstrakta
- 1 skodelica 2% mleka z nizko vsebnostjo maščobe
- ⅓ skodelice sesekljanih zlatih rozin

Navodila

Za preliv

a) V majhni skledi zmešajte sladkor v prahu in mleko, dokler ne postane gladko. Odložite.

b) Za palačinke

c) Dodajte vse sestavine, razen rozin, v mešalnik. Stopljeno kokosovo olje se lahko strdi v kombinaciji s hladnejšimi sestavinami, zato lahko mleko rahlo segrejete, da preprečite, da bi se to zgodilo, če želite.

d) Vse zmešajte v mešalniku, dokler ne dobite gladke tekočine.

e) Zmes za palačinke vlijemo v veliko skledo.

f) Vmešamo sesekljane rozine.

g) Pustite testo počivati 5 do 10 minut. To omogoči, da se vse sestavine združijo in testo dobi boljšo konsistenco.

h) Ponev ali rešetko, ki se ne sprijema, izdatno poškropite z rastlinskim oljem in segrejte na zmernem ognju.

i) Ko je ponev vroča, dodajte testo z merilno skodelico za $\frac{1}{4}$ skodelice in jo

vlijte v ponev, da pripravite palačinke. Z merilno skodelico si pomagajte pri oblikovanju palačinke.

j) Pecite, dokler se stranice ne strdijo in na sredini ne nastanejo mehurčki (približno 2 do 3 minute), nato pa palačinko obrnite.

k) Ko je palačinka na tej strani pečena, palačinko odstavimo z ognja in položimo na krožnik.

l) Nadaljujte s temi koraki s preostalim delom testa.

m) Prelijemo s sladkornim prelivom.

67. Palačinke iz arašidovega masla in želeja

Sestavine:

- 1½ skodelice pirine moke
- ¾ skodelice arašidovega masla v prahu
- 1½ čajne žličke pecilnega praška
- 1 čajna žlička sode bikarbone
- ½ čajne žličke soli
- 2 veliki jajci, pretepeni
- 1 žlica masla, stopljenega
- 1½ skodelice 2% mleka z nizko vsebnostjo maščobe
- Concord grozdni žele, za serviranje

Navodila

a) V skledo dodajte moko, arašidovo maslo v prahu, pecilni prašek, sodo bikarbono in sol ter zmešajte.

b) V drugi skledi zmešajte jajca, maslo in mleko, dokler se dobro ne premešajo.

c) Dodajte mokre sestavine k suhim sestavinam in mešajte, dokler se temeljito ne premeša.

d) Testo pustimo počivati 2 do 3 minute. To omogoči, da se vse sestavine združijo in testo dobi boljšo konsistenco.

e) Ponev ali rešetko, ki se ne sprijema, izdatno poškropite z rastlinskim oljem in segrejte na zmernem ognju.

f) Ko je ponev vroča, dodajte testo z merilno skodelico za $\frac{1}{4}$ skodelice in jo vlijte v ponev, da pripravite palačinke. Z merilno skodelico si pomagajte pri oblikovanju palačinke.

g) Pecite, dokler se stranice ne strdijo in na sredini ne nastanejo mehurčki (približno 2 do 3 minute), nato pa palačinko obrnite.

h) Ko je palačinka na tej strani pečena, palačinko odstavimo z ognja in položimo na krožnik.

i) Nadaljujte s temi koraki s preostalim delom testa. Prelijemo z grozdnim želejem.

68. Palačinke s slanino

Sestavine:

- 8 rezin slanine, narezane na sredino
- 1½ skodelice pirine moke
- 1½ čajne žličke pecilnega praška
- 1 čajna žlička sode bikarbone
- ½ čajne žličke soli
- 2 veliki jajci, pretepeni
- 1 žlica masla, stopljenega
- 1 čajna žlička vanilijevega ekstrakta
- 1¼ skodelice 2% mleka z nizko vsebnostjo maščobe
- ¼ skodelice javorjevega sirupa

Navodila

a) Pečico segrejte na 350°F.

b) Slanino v eni plasti razporedite po obrobljenem pekaču, obloženem s peki papirjem. To močno olajša čiščenje.

c) Slanino potisnite v pečico in pecite 30 minut oziroma dokler slanina ni pečena.

d) Slanino vzemite iz pečice in jo položite na krožnik, obložen s papirnato brisačo, da se ohladi.

e) V veliko skledo dodajte moko, pecilni prašek, sodo bikarbono in sol. Mešajte, da se sestavine povežejo.

f) V drugo skledo dodajte jajca, maslo, vanilijo, mleko in javorjev sirup ter zmešajte sestavine.

g) Dodajte mokre sestavine k suhim sestavinam in premešajte, da se vse dobro premeša.

h) Testo pustimo počivati 2 do 3 minute. To omogoči, da se vse sestavine združijo in testo dobi boljšo konsistenco.

i) Ponev ali rešetko, ki se ne sprijema, izdatno poškropite z rastlinskim oljem in segrejte na zmernem ognju.

j) Ko je ponev vroča, nanjo položite trak slanine. Na vrh slanine vlijemo $\frac{1}{4}$ skodelice testa. Testo enakomerno razporedite po slanini, prav tako po robovih slanine.

k) Pecite, dokler se stranice ne strdijo, nato pa palačinko obrnite, da se speče. Morda boste opazili, da so te palačinke nekoliko hitreje pečene na strani slanine.

l) Ko je palačinka na tej strani pečena, palačinko odstavimo z ognja in preložimo na krožnik.

m) Nadaljujte s temi koraki s preostalim delom testa.

69. Malinove mandljeve palačinke

Sestavine:

- 1½ skodelice zamrznjenih malin, odmrznjenih
- 2 žlici medu
- 1½ skodelice mandljeve moke
- 1 čajna žlička pecilnega praška
- ¼ čajne žličke soli
- ¼ čajne žličke cimeta
- 2 veliki jajci, pretepeni
- ¼ skodelice 2% mleka z nizko vsebnostjo maščobe
- 1 žlica javorjevega sirupa
- 1 čajna žlička vanilijevega ekstrakta

Navodila

a) Zmešajte maline z medom. Med mešanjem sadje tudi pretlačite, da izločite več tekočine.

b) Malinov preliv vlijemo v vrečko za sendviče, zapremo in postavimo na stran.

c) Za palačinke

d) V skledo dodajte moko, pecilni prašek, sol in cimet ter premešajte, da se dobro premeša.

e) V ločeni skledi zmešajte preostale sestavine.

f) Dodajte mokre sestavine k suhim sestavinam in premešajte, da se dobro premešajo.

g) Pustite testo počivati 5 do 10 minut. To omogoči, da se vse sestavine združijo in testo dobi boljšo konsistenco.

h) Ponev ali rešetko, ki se ne sprijema, izdatno poškropite z rastlinskim oljem in segrejte na srednje močnem ognju.

i) Ko je ponev vroča, dodajte testo z merilno skodelico za ¼ skodelice in jo vlijte v ponev, da pripravite palačinke. Testo z merilno skodelico nežno razporedite v okroglo obliko.

j) Odrežite en vogal vrečke z malinovim prelivom in ga nekaj pokapajte po vrhu palačinke. Z zobotrebcem povlecite maline skozi palačinkin podstavek.

k) Pecite, dokler se stranice ne strdijo in na sredini ne nastanejo mehurčki (približno 2 do 3 minute), nato pa palačinko obrnite.

l) Ko je palačinka na tej strani pečena, palačinko odstavimo z ognja in položimo na krožnik.

m) Nadaljujte s temi koraki s preostalim delom testa.

n) Prelijemo s preostalim malinovim prelivom.

70. Palačinke iz arašidov, banan in čokolade

Sestavine:

- 1 skodelica pirine moke
- ¼ skodelice arašidovega masla v prahu
- ½ čajne žličke pecilnega praška
- ½ čajne žličke sode bikarbone
- ¾ skodelice navadnega grškega jogurta
- 1 zrela srednja banana, pretlačena, plus več za serviranje (neobvezno)
- ¼ skodelice + 2 žlici 2% mleka z nizko vsebnostjo maščobe
- 1 veliko jajce
- 2 žlici javorjevega sirupa
- ½ skodelice čokoladnih žetonov in več za serviranje (neobvezno)
- Arašidovo maslo, za serviranje (neobvezno)

Navodila

a) V skledo dodajte moko, arašidovo maslo v prahu, pecilni prašek in sodo bikarbono ter zmešajte.

b) V drugi skledi zmešajte jogurt, pretlačeno banano, mleko, jajce in javorjev sirup, dokler se ne združijo.

c) Dodajte mokre sestavine k suhim sestavinam in mešajte, dokler se temeljito ne premeša.
d) Vmešajte čokoladne koščke.
e) Testo pustimo počivati 2 do 3 minute. To omogoči, da se vse sestavine združijo in testo dobi boljšo konsistenco.
f) Ponev ali rešetko, ki se ne sprijema, izdatno poškropite z rastlinskim oljem in segrejte na zmernem ognju.
g) Ko je ponev vroča, dodajte testo z merilno skodelico za $\frac{1}{4}$ skodelice in jo vlijte v ponev, da pripravite palačinke. Z merilno skodelico si pomagajte pri oblikovanju palačinke.
h) Pecite, dokler se stranice ne strdijo in na sredini ne nastanejo mehurčki (približno 2 do 3 minute), nato pa palačinko obrnite.
i) Ko je palačinka na tej strani pečena, palačinko odstavimo z ognja in položimo na krožnik.
j) Nadaljujte s temi koraki s preostalim delom testa.

71. Vanilijeve kokosove palačinke

Sestavine:

Vanilijev kokosov preliv

- 1 skodelica konzerviranega polnomastnega kokosovega mleka
- ¼ skodelice javorjevega sirupa
- 1½ čajne žličke vanilijevega ekstrakta
- Majhen ščepec soli

Palačinke

- 1½ skodelice pirine moke
- ¼ skodelice naribanega nesladkanega kokosa, popečenega (plus več za serviranje)
- 1½ čajne žličke pecilnega praška
- 1 čajna žlička sode bikarbone
- ½ čajne žličke soli
- 2 veliki jajci, pretepeni
- 2 žlici kokosovega olja, stopljenega
- 1 žlica vanilijevega ekstrakta
- ¼ skodelice javorjevega sirupa
- ¼ skodelice polnomastnega kokosovega mleka v pločevinki
- 1¼ skodelice navadnega kefirja

Navodila

a) Dodajte vse sestavine v majhno ponev in segrevajte na zmernem ognju.

b) Občasno mešamo in kuhamo toliko časa, da se zmes začne gostiti (približno 7 minut).

c) Odstavimo z ognja, da se nekoliko ohladi.

d) Za palačinke

e) V veliko skledo dodajte moko, kokos, pecilni prašek, sodo bikarbono in sol. Mešajte, da se sestavine povežejo.

f) V drugo skledo dodajte jajca, kokosovo olje, vanilijo, javorjev sirup, kokosovo mleko in kefir ter zmešajte sestavine. Stopljeno kokosovo olje se lahko strdi v kombinaciji s hladnejšimi sestavinami, zato lahko kefir rahlo segrejete, da preprečite, da bi se to zgodilo, če želite.

g) Dodajte mokre sestavine k suhim sestavinam in premešajte, da se vse dobro premeša.

h) Testo pustimo počivati 2 do 3 minute. To omogoči, da se vse sestavine združijo in testo dobi boljšo konsistenco.
i) Ponev ali rešetko, ki se ne sprijema, izdatno poškropite z rastlinskim oljem in segrejte na zmernem ognju.
j) Ko je ponev vroča, dodajte testo z merilno skodelico za ¼ skodelice in jo vlijte v ponev, da pripravite palačinke. Z merilno skodelico si pomagajte pri oblikovanju palačinke.
k) Pecite, dokler se stranice ne strdijo in na sredini ne nastanejo mehurčki (približno 2 do 3 minute), nato pa palačinko obrnite.
l) Ko je palačinka na tej strani pečena, palačinko odstavimo z ognja in položimo na krožnik.
m) Nadaljujte s temi koraki s preostalim delom testa.
n) Vanilijev kokosov preliv prelijte po palačinkah in pred serviranjem potresite s popečenim kokosom.

72. Čokoladno kokosove mandljeve palačinke

Sestavine:

- 1½ skodelice mandljeve moke
- ½ skodelice naribanega, nesladkanega kokosa, opečenega
- 1 čajna žlička pecilnega praška
- 1 čajna žlička sode bikarbone
- ¼ čajne žličke soli
- 2 veliki jajci, pretepeni
- ½ skodelice polnomastnega kokosovega mleka v pločevinki
- 1 žlica javorjevega sirupa in več za serviranje
- 1 čajna žlička vanilijevega ekstrakta
- ½ skodelice čokoladnih žetonov
- Popečen kokos, praženi mandlji in naribana čokolada za serviranje

Navodila

a) V skledo dodajte moko, nastrgan kokos, pecilni prašek, sodo bikarbono in sol ter premešajte, da se dobro premeša.

b) V ločeni skledi skupaj zmešajte jajca, kokosovo mleko, javorjev sirup in vanilijo.

c) Dodajte mokre sestavine k suhim sestavinam in premešajte, da se dobro premešajo.

d) Vmešajte čokoladne koščke.

e) Pustite testo počivati 5 do 10 minut. To omogoči, da se vse sestavine združijo in testo dobi boljšo konsistenco.

f) Ponev ali rešetko, ki se ne sprijema, izdatno poškropite z rastlinskim oljem in segrejte na zmernem ognju.

g) Ko je ponev vroča, dodajte testo z merilno skodelico za $\frac{1}{4}$ skodelice in jo vlijte v ponev, da pripravite palačinke. Z merilno skodelico si pomagajte pri oblikovanju palačinke.

h) Pecite, dokler se stranice ne strdijo in na sredini ne nastanejo mehurčki (približno

2 do 3 minute), nato pa palačinko obrnite.

i) Ko je palačinka na tej strani pečena, palačinko odstavimo z ognja in položimo na krožnik.

j) Nadaljujte s temi koraki s preostalim delom testa.

k) Po vrhu potresite s popečenim kokosom, praženimi mandlji, naribano čokolado in po želji še malo javorjevega sirupa.

73. Palačinke iz jagodne torte

Sestavine:

- 1¾ skodelice staromodnega valjanega ovsa
- 1½ čajne žličke pecilnega praška
- 1 čajna žlička sode bikarbone
- ½ čajne žličke cimeta
- ¼ čajne žličke soli
- 2 žlici kokosovega olja, stopljenega
- 1 žlica javorjevega sirupa
- 1 veliko jajce
- 1 čajna žlička vanilijevega ekstrakta
- 1½ skodelice 2% mleka z nizko vsebnostjo maščobe
- 1 skodelica na tanke rezine narezanih jagod
- Stepena smetana in jagode, za serviranje

Navodila

a) Dodajte vse sestavine, razen jagod, v mešalnik. Stopljeno kokosovo olje se lahko strdi v kombinaciji s hladnejšimi sestavinami, zato lahko mleko rahlo segrejete, da preprečite, da bi se to zgodilo, če želite.

b) Vse zmešajte v mešalniku, dokler ne dobite gladke tekočine.

c) Zmes za palačinke vlijemo v veliko skledo.

d) Pustite testo počivati 5 do 10 minut. To omogoči, da se vse sestavine združijo in testo dobi boljšo konsistenco.

e) Ponev ali rešetko, ki se ne sprijema, izdatno poškropite z rastlinskim oljem in segrejte na zmernem ognju.

f) Ko je ponev vroča, dodajte testo z merilno skodelico za $\frac{1}{4}$ skodelice in jo vlijte v ponev, da pripravite palačinke. Z merilno skodelico si pomagajte pri oblikovanju palačinke. Narezane jagode v eni plasti položite v testo.

g) Pecite, dokler se stranice ne strdijo in na sredini ne nastanejo mehurčki (približno 2 minuti), nato pa palačinko obrnite. Morda jih boste morali pustiti, da se na prvi strani malo dlje kuhajo, da ne razpadejo, ko jih obrnete. Jagode so težke in lahko povzročijo, da se te palačinke zlomijo, če na prvi strani niso popolnoma strjene.

h) Ko je palačinka na tej strani pečena, palačinko odstavimo z ognja in položimo na krožnik.

i) Nadaljujte s temi koraki s preostalim delom testa.

j) Če želite postreči, položite palačinke s stepeno smetano in na vrh položite jagode.

74. Palačinke iz skodelice arašidovega masla

Sestavine:

- 1¾ skodelice staromodnega valjanega ovsa
- ¼ skodelice arašidovega masla v prahu
- 1½ čajne žličke pecilnega praška
- 1 čajna žlička sode bikarbone
- ½ čajne žličke cimeta
- ¼ čajne žličke soli
- 2 žlici kokosovega olja, stopljenega
- 1 žlica javorjevega sirupa
- 1 veliko jajce
- 1 čajna žlička vanilijevega ekstrakta
- 1½ skodelice 2% mleka z nizko vsebnostjo maščobe
- ½ skodelice čokoladnih žetonov

Navodila

a) Dodajte vse sestavine, razen koščkov čokolade, v mešalnik. Stopljeno kokosovo olje se lahko strdi v kombinaciji s hladnejšimi sestavinami, zato lahko mleko rahlo segrejete, da preprečite, da bi se to zgodilo, če želite.

b) Vse zmešajte v mešalniku, dokler ne dobite gladke tekočine.

c) Maso za palačinke vlijemo v večjo skledo.

d) Vmešajte čokoladne koščke.
e) Pustite testo počivati 5 do 10 minut. To omogoči, da se vse sestavine združijo in testo dobi boljšo konsistenco.
f) Ponev ali rešetko, ki se ne sprijema, izdatno poškropite z rastlinskim oljem in segrejte na zmernem ognju.
g) Ko je ponev vroča, dodajte testo z merilno skodelico za $\frac{1}{4}$ skodelice in jo vlijte v ponev, da pripravite palačinke. Z merilno skodelico si pomagajte pri oblikovanju palačinke.
h) Pecite, dokler se stranice ne strdijo in na sredini ne nastanejo mehurčki (približno 2 do 3 minute), nato pa palačinko obrnite.
i) Ko je palačinka na tej strani pečena, palačinko odstavimo z ognja in položimo na krožnik.
j) Nadaljujte s temi koraki s preostalim delom testa.

75. Mehiške čokoladne palačinke

Sestavine:

- 1 skodelica pirine moke
- ¼ skodelice nesladkanega kakava
- 1 čajna žlička cimeta
- ½ čajne žličke pecilnega praška
- ½ čajne žličke sode bikarbone
- ¾ skodelice navadnega grškega jogurta
- ¼ skodelice + 2 žlici 2% mleka z nizko vsebnostjo maščobe
- 1 veliko jajce
- 2 žlici javorjevega sirupa

Navodila

a) V skledo dodajte moko, kakav, cimet, pecilni prašek in sodo bikarbono ter zmešajte.

b) V drugi posodi zmešajte jogurt, mleko, jajce in javorjev sirup, dokler se dobro ne premešajo.

c) Dodajte mokre sestavine k suhim sestavinam in mešajte, dokler se temeljito ne premeša.

d) Testo pustimo počivati 2 do 3 minute. To omogoči, da se vse sestavine združijo in testo dobi boljšo konsistenco.

e) Ponev ali rešetko, ki se ne sprijema, izdatno poškropite z rastlinskim oljem in segrejte na zmernem ognju.

f) Ko je ponev vroča, dodajte testo z merilno skodelico za $\frac{1}{4}$ skodelice in jo vlijte v ponev, da pripravite palačinke. Z merilno skodelico si pomagajte pri oblikovanju palačinke.

g) Pecite, dokler se stranice ne strdijo in na sredini ne nastanejo mehurčki (približno 2 do 3 minute), nato pa palačinko obrnite.

h) Ko je palačinka na tej strani pečena, palačinko odstavimo z ognja in položimo na krožnik.

i) Nadaljujte s temi koraki s preostalim delom testa.

76. Rojstnodnevne palačinke presenečenja

Sestavine:
- 1 skodelica pirine moke
- 2 žlici mešanice vanilijevega pudinga brez sladkorja
- ½ čajne žličke pecilnega praška
- ½ čajne žličke sode bikarbone
- ¾ skodelice navadnega grškega jogurta
- ½ skodelice + 2 žlici 2% mleka z nizko vsebnostjo maščobe
- 1 veliko jajce
- 2 žlici javorjevega sirupa
- ¼ skodelice mavričnih posipov in več za preliv (neobvezno)

Navodila

a) V skledo dodajte moko, puding, pecilni prašek in sodo bikarbono ter z metlico premešajte.

b) V drugi posodi zmešajte jogurt, mleko, jajce in javorjev sirup, dokler se dobro ne premešajo.

c) Dodajte mokre sestavine k suhim sestavinam in mešajte, dokler se temeljito ne premeša.

d) Testo pustimo počivati 2 do 3 minute. To omogoči, da se vse sestavine združijo in testo dobi boljšo konsistenco.
e) Ko testo počiva, vmešamo posip.
f) Ponev ali rešetko, ki se ne sprijema, izdatno poškropite z rastlinskim oljem in segrejte na zmernem ognju.
g) Ko je ponev vroča, dodajte testo z merilno skodelico za $\frac{1}{4}$ skodelice in jo vlijte v ponev, da pripravite palačinke. Z merilno skodelico si pomagajte pri oblikovanju palačinke.
h) Pecite, dokler se stranice ne strdijo in na sredini ne nastanejo mehurčki (približno 2 do 3 minute), nato pa palačinko obrnite.
i) Ko je palačinka na tej strani pečena, palačinko odstavimo z ognja in položimo na krožnik.
j) Nadaljujte s temi koraki s preostalim delom testa.

77. Zelene pošastne palačinke

Sestavine:
- 1½ skodelice pirine moke
- 2 žlici konoplje v prahu
- 1 žlica spiruline v prahu
- 1½ čajne žličke pecilnega praška
- 1 čajna žlička sode bikarbone
- ½ čajne žličke soli
- 2 žlici kokosovega olja, stopljenega
- 1½ žlice medu
- 1 žlica vanilijevega ekstrakta
- 2 veliki jajci, pretepeni
- ¼ skodelice polnomastnega kokosovega mleka v pločevinki
- 1¼ skodelice navadnega kefirja (rahlo segretega)

Navodila

a) V skledo dodajte pirino moko, konopljo v prahu, spirulino v prahu, pecilni prašek, sodo bikarbono in sol ter premešajte.

b) V drugi skledi zmešajte kokosovo olje, med, vanilijo, jajca, kokosovo mleko in kefir, dokler se dobro ne premešajo. Stopljeno kokosovo olje se lahko strdi v kombinaciji s hladnejšimi sestavinami, zato lahko kefir rahlo segrejete, da preprečite, da bi se to zgodilo, če želite.

c) Dodajte mokre sestavine k suhim sestavinam in skupaj mešajte, dokler se temeljito ne premešata.

d) Testo pustimo počivati 2 do 3 minute. To omogoči, da se vse sestavine združijo in testo dobi boljšo konsistenco.

e) Ponev ali rešetko, ki se ne sprijema, izdatno poškropite z rastlinskim oljem in segrejte na zmernem ognju.

f) Ko je ponev vroča, dodajte testo z merilno skodelico za $\frac{1}{4}$ skodelice in jo vlijte v ponev, da pripravite palačinke. Z merilno skodelico si pomagajte pri oblikovanju palačinke.

g) Pecite, dokler se stranice ne strdijo in na sredini ne nastanejo mehurčki (približno 2 do 3 minute), nato pa palačinko obrnite.

h) Ko je palačinka na tej strani pečena, palačinko odstavimo z ognja in položimo na krožnik.

i) Nadaljujte s temi koraki s preostalim delom testa.

78. Vanilijeve matcha palačinke

Sestavine:

- 1¾ skodelice staromodnega valjanega ovsa
- 2 žlici nesladkanega matcha prahu
- 2 žlici mešanice vanilijevega pudinga brez sladkorja
- 1½ čajne žličke pecilnega praška
- 1 čajna žlička sode bikarbone
- ¼ čajne žličke soli
- 2 žlici kokosovega olja, stopljenega
- 1 žlica javorjevega sirupa
- 1 veliko jajce
- 1 čajna žlička vanilijevega ekstrakta
- 1½ skodelice 2% mleka z nizko vsebnostjo maščobe

Navodila

a) Dodajte vse sestavine v mešalnik. Stopljeno kokosovo olje se lahko strdi v kombinaciji s hladnejšimi sestavinami, zato lahko mleko rahlo segrejete, da preprečite, da bi se to zgodilo, če želite.

b) Vse zmešajte v mešalniku, dokler ne dobite gladke tekočine.

c) Zmes za palačinke vlijemo v veliko skledo.

d) Pustite testo počivati 5 do 10 minut. To omogoči, da se vse sestavine združijo in testo dobi boljšo konsistenco.

e) Ponev ali rešetko, ki se ne sprijema, izdatno poškropite z rastlinskim oljem in segrejte na zmernem ognju.

f) Ko je ponev vroča, dodajte testo z merilno skodelico za $\frac{1}{4}$ skodelice in jo vlijte v ponev, da pripravite palačinke. Z merilno skodelico si pomagajte pri oblikovanju palačinke.

g) Pecite, dokler se stranice ne strdijo in na sredini ne nastanejo mehurčki (približno 2 do 3 minute), nato pa palačinko obrnite.

h) Ko je palačinka na tej strani pečena, palačinko odstavimo z ognja in položimo na krožnik.

i) Nadaljujte s temi koraki s preostalim delom testa.

79. Piña colada palačinke

Sestavine:
- 1 skodelica pirine moke
- ½ čajne žličke pecilnega praška
- ½ čajne žličke sode bikarbone
- ¾ skodelice navadnega grškega jogurta
- ½ skodelice + 2 žlici konzerviranega polnomastnega kokosovega mleka
- 1 veliko jajce
- 2 žlici javorjevega sirupa
- 1 čajna žlička vanilijevega ekstrakta
- ½ skodelice na kocke narezanega ananasa

Navodila

a) V skledo dodajte moko, pecilni prašek in sodo bikarbono ter z metlico premešajte.

b) V drugi skledi zmešajte jogurt, kokosovo mleko, jajca, javorjev sirup in vanilijo, dokler se dobro ne premešajo.

c) Dodajte mokre sestavine k suhim sestavinam in skupaj mešajte, dokler se temeljito ne premešata.

d) Ko je vse skupaj premešano, vmešamo ananas.

e) Testo pustimo počivati 2 do 3 minute. To omogoči, da se vse sestavine združijo in testo dobi boljšo konsistenco.

f) Ponev ali rešetko, ki se ne sprijema, izdatno poškropite z rastlinskim oljem in segrejte na zmernem ognju.

g) Ko je ponev vroča, dodajte testo z merilno skodelico za $\frac{1}{4}$ skodelice in jo vlijte v ponev, da pripravite palačinke. Z merilno skodelico si pomagajte pri oblikovanju palačinke.

h) Pecite, dokler se stranice ne strdijo in na sredini ne nastanejo mehurčki (približno 2 do 3 minute), nato pa palačinko obrnite.

i) Ko je palačinka na tej strani pečena, palačinko odstavimo z ognja in položimo na krožnik.

j) Nadaljujte s temi koraki s preostalim delom testa.

80. Češnjeve mandljeve palačinke

Sestavine:
- 1½ skodelice mandljeve moke
- 1 čajna žlička pecilnega praška
- 1 čajna žlička sode bikarbone
- ¼ čajne žličke soli
- 2 veliki jajci, pretepeni
- 1 žlica javorjevega sirupa
- 1 čajna žlička vanilijevega ekstrakta
- ½ skodelice polnomastnega kokosovega mleka v pločevinki
- ½ skodelice drobno narezanih češenj
- ¼ skodelice narezanih mandljev

Navodila

a) V skledo dodajte moko, pecilni prašek, sodo bikarbono in sol ter premešajte, da se dobro premeša.

b) V ločeni skledi zmešajte jajca, javorjev sirup, vanilijo in kokosovo mleko.

c) Dodajte mokre sestavine k suhim sestavinam in premešajte, da se dobro premešajo.

d) Zdaj dodajte češnje in mandlje ter mešajte, dokler se vse dobro ne premeša.

e) Pustite testo počivati 5 do 10 minut. To omogoči, da se vse sestavine združijo in testo dobi boljšo konsistenco.

f) Ponev ali rešetko, ki se ne sprijema, izdatno poškropite z rastlinskim oljem in segrejte na srednje močnem ognju.

g) Ko je ponev vroča, dodajte testo z merilno skodelico za $\frac{1}{4}$ skodelice in jo vlijte v ponev, da pripravite palačinke. Z merilno skodelico si pomagajte pri oblikovanju palačinke.

h) Pecite, dokler se stranice ne strdijo in na sredini ne nastanejo mehurčki (približno 2 do 3 minute), nato pa palačinko obrnite.

i) Ko je palačinka na tej strani pečena, palačinko odstavimo z ognja in položimo na krožnik.

j) Nadaljujte s temi koraki s preostalim delom testa.

81. Ključne limetine palačinke

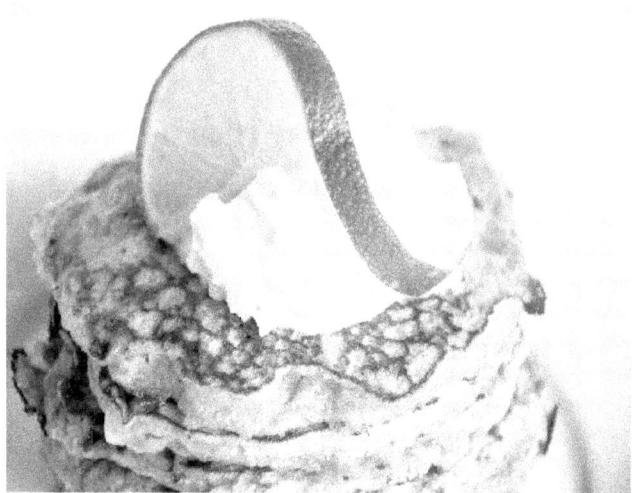

Sestavine:

- 2 jajci
- ½ skodelice skute
- ½ čajne žličke vanilijevega ekstrakta
- 1 žlica medu
- Lupina iz 1 limete
- ¼ skodelice pirine moke
- ½ čajne žličke pecilnega praška
- ¼ čajne žličke sode bikarbone
- 2 čajni žlički limetine jell-o mešanice brez sladkorja

Navodila

a) Jajca, skuto, vanilijo, med in limetino lupinico stepemo in odstavimo.

b) V drugi posodi zmešajte preostale sestavine, dokler se dobro ne povežejo.

c) Dodajte mokre sestavine k suhim sestavinam in mešajte, dokler se temeljito ne premeša.

d) Ponev ali rešetko, ki se ne sprijema, izdatno poškropite z rastlinskim oljem in segrejte na zmernem ognju.

e) Ko je ponev vroča, dodajte testo z merilno skodelico za ¼ skodelice in jo

vlijte v ponev, da pripravite palačinke. Z merilno skodelico si pomagajte pri oblikovanju palačinke.

f) Pecite, dokler se stranice ne strdijo in na sredini ne nastanejo mehurčki (približno 2 do 3 minute), nato pa palačinko obrnite.

g) Ko je palačinka na tej strani pečena, palačinko odstavimo z ognja in položimo na krožnik.

h) Nadaljujte s temi koraki s preostalim delom testa.

82. Palačinke z bučnimi začimbami

Sestavine:

- 1½ skodelice staromodnega valjanega ovsa
- 1½ čajne žličke pecilnega praška
- ½ čajne žličke sode bikarbone
- ½ čajne žličke cimeta
- ½ čajne žličke mletega pimenta
- ½ čajne žličke mletega ingverja
- ¼ čajne žličke soli
- ½ skodelice konzervirane buče
- 2 žlici kokosovega olja, stopljenega
- 2 žlici javorjevega sirupa
- 1 veliko jajce
- 1 čajna žlička vanilijevega ekstrakta
- 1 skodelica 2% mleka z nizko vsebnostjo maščobe

Navodila

a) Dodajte vse sestavine v mešalnik. Stopljeno kokosovo olje se lahko strdi v kombinaciji s hladnejšimi sestavinami, zato lahko mleko rahlo segrejete, da preprečite, da bi se to zgodilo, če želite.

b) Vse zmešajte v mešalniku, dokler ne dobite gladke tekočine.

c) Zmes za palačinke vlijemo v veliko skledo.
d) Pustite testo počivati 5 do 10 minut. To omogoči, da se vse sestavine združijo in testo dobi boljšo konsistenco.
e) Ponev ali rešetko, ki se ne sprijema, izdatno poškropite z rastlinskim oljem in segrejte na zmernem ognju.
f) Ko je ponev vroča, dodajte testo z merilno skodelico za $\frac{1}{4}$ skodelice in jo vlijte v ponev, da pripravite palačinke. Z merilno skodelico si pomagajte pri oblikovanju palačinke.
g) Pecite, dokler se stranice ne strdijo in na sredini ne nastanejo mehurčki (približno 2 do 3 minute), nato pa palačinko obrnite.
h) Ko je palačinka na tej strani pečena, palačinko odstavimo z ognja in položimo na krožnik.
i) Nadaljujte s temi koraki s preostalim delom testa.

83. Čokoladno bananine palačinke

Sestavine:
- 1 zrela banana in več za postrežbo
- 2 veliki jajci
- ½ čajne žličke pecilnega praška
- 2 žlici nesladkanega kakava v prahu
- Javorjev sirup, za serviranje

Navodila

a) Dodajte banano v skledo in jo pretlačite, dokler ni lepa in kremasta – brez grudic.

b) Jajca razbijte v drugo skledo in mešajte, dokler niso dobro premešana.

c) V skledo z bananami dodajte pecilni prašek in kakav v prahu ter nato vlijte jajca. Stepamo, da se vse skupaj popolnoma poveže.

d) Ponev ali rešetko, ki se ne sprijema, izdatno poškropite z rastlinskim oljem in segrejte na zmernem ognju.

e) Ko je ponev vroča, dodajte 2 žlici testa v ponev, da pripravite palačinke.

f) Pecite, dokler se stranice ne strdijo (ne boste videli mehurčkov), nato palačinko previdno obrnite.

g) Ko je palačinka na tej strani pečena, jo odstavimo z ognja in preložimo na krožnik.

h) Nadaljujte s temi koraki s preostalim delom testa. Po želji postrezite z narezano banano in javorjevim sirupom.

84. Vanilijeve mandljeve palačinke

Sestavine:

- 1 skodelica pirine moke
- 2 žlici mešanice vanilijevega pudinga brez sladkorja
- ½ čajne žličke pecilnega praška
- ½ čajne žličke sode bikarbone
- ¾ skodelice navadnega grškega jogurta
- ½ skodelice + 2 žlici 2% mleka z nizko vsebnostjo maščobe
- 1 veliko jajce
- 2 žlici javorjevega sirupa
- ¼ skodelice narezanih mandljev

Navodila

a) V skledo dodajte moko, mešanico za puding, pecilni prašek in sodo bikarbono ter zmešajte.

b) V drugi posodi zmešajte jogurt, mleko, jajce in javorjev sirup, dokler se dobro ne premešajo.

c) Dodajte mokre sestavine k suhim sestavinam in mešajte, dokler se temeljito ne premeša.

d) Nazadnje vmešajte mandlje.

e) Testo pustimo počivati 2 do 3 minute. To omogoči, da se vse sestavine združijo in testo dobi boljšo konsistenco.

f) Ponev ali rešetko, ki se ne sprijema, izdatno poškropite z rastlinskim oljem in segrejte na zmernem ognju.

g) Ko je ponev vroča, dodajte testo z merilno skodelico za $\frac{1}{4}$ skodelice in jo vlijte v ponev, da pripravite palačinke. Z merilno skodelico si pomagajte pri oblikovanju palačinke.

h) Pecite, dokler se stranice ne strdijo in na sredini ne nastanejo mehurčki (približno 2 do 3 minute), nato pa palačinko obrnite.

i) Ko je palačinka na tej strani pečena, palačinko odstavimo z ognja in položimo na krožnik.

j) Nadaljujte s temi koraki s preostalim delom testa.

85. Funky opičje palačinke

Sestavine:
- 1½ skodelice mandljeve moke
- 1 čajna žlička pecilnega praška
- 1 čajna žlička sode bikarbone
- ¼ čajne žličke soli
- 1 zrela srednja banana, pretlačena, plus več za postrežbo
- 2 veliki jajci, pretepeni
- ½ skodelice kokosovega mleka
- 1 žlica javorjevega sirupa
- 1 čajna žlička vanilijevega ekstrakta
- ½ skodelice sesekljanih orehov
- ½ skodelice temnih čokoladnih koščkov in še več za postrežbo

Navodila

a) V skledo dodajte moko, pecilni prašek, sodo bikarbono in sol ter premešajte, da se dobro premeša.

b) V ločeni skledi skupaj zmešajte pretlačeno banano, jajca, kokosovo mleko, javorjev sirup in vanilijo.

c) Dodajte mokre sestavine k suhim sestavinam in premešajte, da se dobro premešajo.

d) Zdaj dodajte orehe in čokoladne koščke ter mešajte, dokler se vse dobro ne premeša.

e) Pustite testo počivati 5 do 10 minut. To omogoči, da se vse sestavine združijo in testo dobi boljšo konsistenco.

f) Ponev ali rešetko, ki se ne sprijema, izdatno poškropite z rastlinskim oljem in segrejte na srednje močnem ognju.

g) Ko je ponev vroča, dodajte testo z merilno skodelico za $\frac{1}{4}$ skodelice in jo vlijte v ponev, da pripravite palačinke. Z merilno skodelico si pomagajte pri oblikovanju palačinke.

h) Pecite, dokler se stranice ne strdijo in na sredini ne nastanejo mehurčki, nato pa palačinko obrnite.

i) Ko je palačinka na tej strani pečena, palačinko odstavimo z ognja in položimo na krožnik.

j) Postrezite z narezanimi bananami in koščki čokolade.

86. Vanilijeve palačinke

Sestavine:
- 1½ skodelice pirine moke
- 2 žlici mešanice vanilijevega pudinga brez sladkorja
- 1½ čajne žličke pecilnega praška
- 1 čajna žlička sode bikarbone
- ½ čajne žličke soli
- 2 veliki jajci, pretepeni
- 2 žlici kokosovega olja, stopljenega
- 1 žlica vanilijevega ekstrakta
- ¼ skodelice javorjevega sirupa in še več za serviranje
- 1¼ skodelice navadnega kefirja

Navodila

a) V skledo dodamo pirino moko, mešanico za puding, pecilni prašek, sodo bikarbono in sol ter z metlico premešamo.

b) V drugi skledi zmešajte jajca, kokosovo olje, vanilijo, javorjev sirup in kefir, dokler se dobro ne premešajo. Stopljeno kokosovo olje se lahko strdi v kombinaciji s hladnejšimi sestavinami, zato lahko kefir rahlo segrejete, da preprečite, da bi se to zgodilo, če želite.

c) Dodajte mokre sestavine k suhim sestavinam in mešajte, dokler se temeljito ne premeša.

d) Testo pustimo počivati 2 do 3 minute. To omogoči, da se vse sestavine združijo in testo dobi boljšo konsistenco.

e) Ponev ali rešetko, ki se ne sprijema, izdatno poškropite z rastlinskim oljem in segrejte na zmernem ognju.

f) Ko je ponev vroča, dodajte testo z merilno skodelico za $\frac{1}{4}$ skodelice in jo vlijte v ponev, da pripravite palačinke. Z merilno skodelico si pomagajte pri oblikovanju palačinke.

g) Pecite, dokler se stranice ne strdijo in na sredini ne nastanejo mehurčki (približno 2 do 3 minute), nato pa palačinko obrnite.

h) Ko je palačinka na tej strani pečena, palačinko odstavimo z ognja in položimo na krožnik.

87. Borovničeve mango palačinke

Sestavine:
- 1 skodelica pirine moke
- $\frac{1}{2}$ čajne žličke pecilnega praška
- $\frac{1}{2}$ čajne žličke sode bikarbone
- $\frac{3}{4}$ skodelice navadnega grškega jogurta
- $\frac{1}{4}$ skodelice + 2 žlici 2% mleka z nizko vsebnostjo maščobe
- 1 veliko jajce
- 2 žlici javorjevega sirupa
- $\frac{1}{2}$ skodelice pireja iz manga
- $\frac{1}{2}$ skodelice borovnic

Navodila

a) V skledo dodajte moko, pecilni prašek in sodo bikarbono ter z metlico premešajte.

b) V drugi posodi zmešajte jogurt, mleko, jajce, javorjev sirup in pire mango, dokler se ne povežejo.

c) Dodajte mokre sestavine k suhim sestavinam in mešajte, dokler se temeljito ne premeša.

d) Previdno vmešamo borovnice.

e) Testo pustimo počivati 2 do 3 minute. To omogoči, da se vse sestavine združijo in testo dobi boljšo konsistenco.

f) Ponev ali rešetko, ki se ne sprijema, izdatno poškropite z rastlinskim oljem in segrejte na zmernem ognju.

g) Ko je ponev vroča, dodajte testo z merilno skodelico za $\frac{1}{4}$ skodelice in jo vlijte v ponev, da pripravite palačinke. Z merilno skodelico si pomagajte pri oblikovanju palačinke.

h) Pecite, dokler se stranice ne strdijo in na sredini ne nastanejo mehurčki (približno 2 do 3 minute), nato pa palačinko obrnite.

i) Ko je palačinka na tej strani pečena, palačinko odstavimo z ognja in položimo na krožnik.

j) Nadaljujte s temi koraki s preostalim delom testa.

88. Mocha palačinke

Sestavine:

- 1½ skodelice pirine moke
- ¼ skodelice nesladkanega kakava
- 3 čajne žličke instant espressa v prahu
- 1½ čajne žličke pecilnega praška
- 1 čajna žlička sode bikarbone
- ½ čajne žličke soli
- 2 žlici kokosovega olja, stopljenega
- 1 čajna žlička vanilijevega ekstrakta
- 2 veliki jajci, pretepeni
- 1¼ skodelice navadnega kefirja

Navodila

a) V skledo dodajte pirino moko, kakav, prašek za espresso, pecilni prašek, sodo bikarbono in sol ter zmešajte.

b) V drugi skledi zmešajte kokosovo olje, vanilijo, jajca in kefir, dokler se dobro ne povežejo. Stopljeno kokosovo olje se lahko strdi v kombinaciji s hladnejšimi sestavinami, zato lahko kefir rahlo segrejete, da preprečite, da bi se to zgodilo, če želite.

c) Dodajte mokre sestavine k suhim sestavinam in mešajte, dokler se temeljito ne premeša.

d) Testo pustimo počivati 2 do 3 minute. To omogoči, da se vse sestavine združijo in testo dobi boljšo konsistenco.

e) Ponev ali rešetko, ki se ne sprijema, izdatno poškropite z rastlinskim oljem in segrejte na zmernem ognju.

f) Ko je ponev vroča, dodajte testo z merilno skodelico za $\frac{1}{4}$ skodelice in jo vlijte v ponev, da pripravite palačinke. Z merilno skodelico si pomagajte pri oblikovanju palačinke.

g) Pecite, dokler se stranice ne strdijo in na sredini ne nastanejo mehurčki (približno 2 do 3 minute), nato pa palačinko obrnite.

h) Ko je palačinka na tej strani pečena, palačinko odstavimo z ognja in položimo na krožnik.

89. Čaj palačinke

Sestavine:
- 1½ skodelice kvinojine moke
- 1½ čajne žličke pecilnega praška
- 1 čajna žlička sode bikarbone
- 1 čajna žlička cimeta
- ¾ čajne žličke mletega kardamoma
- Velikodušno ščepec mletih nageljnovih žbic
- ½ čajne žličke mletega ingverja
- ½ čajne žličke mletega pimenta
- ½ čajne žličke soli
- 2 veliki jajci, pretepeni
- 2 žlici kokosovega olja, stopljenega
- 1¼ skodelice navadnega kefirja
- ¼ skodelice javorjevega sirupa
- 1 čajna žlička vanilijevega ekstrakta

Navodila

a) V veliko skledo dodajte moko, pecilni prašek, sodo bikarbono, cimet, kardamom, nageljnove žbice, ingver, piment in sol ter premešajte, da se dobro premeša.

b) V drugi skledi zmešajte jajca, kokosovo olje, kefir, javorjev sirup in vanilijo, dokler se ne združijo. Stopljeno kokosovo olje se lahko strdi v kombinaciji s hladnejšimi sestavinami, zato lahko kefir rahlo segrejete, da preprečite, da bi se to zgodilo, če želite.

c) Dodajte mokre sestavine k suhim sestavinam in mešajte, dokler se temeljito ne premeša.

d) Testo pustimo počivati 2 do 3 minute. To omogoči, da se vse sestavine združijo in testo dobi boljšo konsistenco.

e) Ponev ali rešetko, ki se ne sprijema, izdatno poškropite z rastlinskim oljem in segrejte na zmernem ognju.

f) Ko je ponev vroča, dodajte testo z merilno skodelico za $\frac{1}{4}$ skodelice in jo vlijte v ponev, da pripravite palačinke. Z merilno skodelico si pomagajte pri oblikovanju palačinke.

g) Pecite, dokler se stranice ne strdijo in na sredini ne nastanejo mehurčki (približno 2 do 3 minute), nato pa palačinko obrnite.

h) Ko je palačinka na tej strani pečena, palačinko odstavimo z ognja in položimo na krožnik.

90. Palačinke iz korenčkove torte

Sestavine:

- 1½ skodelice staromodnega valjanega ovsa
- 1½ čajne žličke pecilnega praška
- 1 čajna žlička sode bikarbone
- ½ čajne žličke cimeta
- ¼ čajne žličke soli
- Ščepec muškatnega oreščka
- 1 veliko jajce
- 2 žlici kokosovega olja, stopljenega
- 1 žlica javorjevega sirupa
- 1 čajna žlička vanilijevega ekstrakta
- 1¼ skodelice 2% mleka z nizko vsebnostjo maščobe
- 1½ skodelice drobno naribanega korenja
- ½ skodelice sesekljanih zlatih rozin
- ½ skodelice sesekljanih orehov

Navodila

a) Dodajte vse sestavine, razen korenja, rozin in orehov, v mešalnik. Stopljeno kokosovo olje se lahko strdi v kombinaciji s hladnejšimi sestavinami, zato lahko mleko rahlo segrejete, da preprečite, da bi se to zgodilo, če želite.

b) Vse zmešajte v mešalniku, dokler ne dobite gladke tekočine.
c) Zmes za palačinke vlijemo v veliko skledo.
d) Dodajte korenje, rozine in orehe v testo in temeljito premešajte.
e) Pustite testo počivati 5 do 10 minut. To omogoči, da se vse sestavine združijo in testo dobi boljšo konsistenco.
f) Ponev ali rešetko, ki se ne sprijema, izdatno poškropite z rastlinskim oljem in segrejte na zmernem ognju.
g) Ko je ponev vroča, dodajte testo z merilno skodelico za $\frac{1}{4}$ skodelice in jo vlijte v ponev, da pripravite palačinke. Z merilno skodelico si pomagajte pri oblikovanju palačinke.
h) Pecite, dokler se stranice ne strdijo in na sredini ne nastanejo mehurčki, nato pa palačinko obrnite.
i) Ko je palačinka na tej strani pečena, palačinko odstavimo z ognja in položimo na krožnik.

91. Medene bananine palačinke

Sestavine:

- 1 zrela banana in več za serviranje
- 2 veliki jajci
- 1 žlica medu
- ½ čajne žličke pecilnega praška
- Javorjev sirup, za serviranje

Navodila

a) Dodajte banano v skledo in jo pretlačite, dokler ni lepa in kremasta – brez grudic.

b) Jajca razbijte v drugo skledo in mešajte, dokler niso dobro premešana.

c) Dodajte med in pecilni prašek v skledo z bananami in nato vlijte jajca. Stepamo, da se vse skupaj popolnoma poveže.

d) Ponev ali rešetko, ki se ne sprijema, izdatno poškropite z rastlinskim oljem in segrejte na zmernem ognju.

e) Ko je ponev vroča, dodajte 2 žlici testa v ponev, da naredite palačinke.

f) Pecite, dokler se stranice ne strdijo (ne boste videli mehurčkov), nato palačinko previdno obrnite.

g) Ko je palačinka na tej strani pečena, jo odstavimo z ognja in preložimo na krožnik.
h) Nadaljujte s temi koraki s preostalim delom testa.
i) Prelij z bananami in javorjevim sirupom.

92. Bananine borovničeve palačinke

Sestavine:
- 1 skodelica pirine moke
- ½ čajne žličke pecilnega praška
- ½ čajne žličke sode bikarbone
- 1 zrela srednja banana, pretlačena
- ¾ skodelice navadnega grškega jogurta
- ¼ skodelice + 2 žlici 2% mleka z nizko vsebnostjo maščobe
- 1 veliko jajce
- 2 žlici javorjevega sirupa
- ½ skodelice borovnic

Navodila

a) V skledo dodajte moko, pecilni prašek in sodo bikarbono ter z metlico premešajte.

b) V drugi skledi zmešajte pretlačeno banano, jogurt, mleko, jajca in javorjev sirup, dokler se ne združijo.

c) Dodajte mokre sestavine k suhim sestavinam in mešajte, dokler se temeljito ne premeša.

d) Previdno vmešamo borovnice.

e) Testo pustimo počivati 2 do 3 minute. To omogoči, da se vse sestavine združijo in testo dobi boljšo konsistenco.

f) Ponev ali rešetko, ki se ne sprijema, izdatno poškropite z rastlinskim oljem in segrejte na zmernem ognju.

g) Ko je ponev vroča, dodajte testo z merilno skodelico za ¼ skodelice in jo vlijte v ponev, da pripravite palačinke. Z merilno skodelico si pomagajte pri oblikovanju palačinke.

h) Pecite, dokler se stranice ne strdijo in na sredini ne nastanejo mehurčki (približno 2 do 3 minute), nato pa palačinko obrnite.

i) Ko je palačinka na tej strani pečena, palačinko odstavimo z ognja in položimo na krožnik.

j) Nadaljujte s temi koraki s preostalim delom testa.

93. Jabolčno cimetove palačinke

Sestavine:

- 1¾ skodelice staromodnega valjanega ovsa
- 1½ čajne žličke pecilnega praška
- 1 čajna žlička sode bikarbone
- ¼ čajne žličke cimeta
- ¼ čajne žličke soli
- 1 skodelica jabolčnega soka
- 2 žlici kokosovega olja, stopljenega
- 1 žlica javorjevega sirupa
- 1 veliko jajce
- 1 čajna žlička vanilijevega ekstrakta
- ½ skodelice 2% mleka z nizko vsebnostjo maščobe

Navodila

a) Dodajte vse sestavine v mešalnik. Stopljeno kokosovo olje se lahko strdi v kombinaciji s hladnejšimi sestavinami, zato lahko mleko rahlo segrejete, da preprečite, da bi se to zgodilo, če želite.

b) Vse zmešajte v mešalniku, dokler ne dobite gladke tekočine.

c) Maso za palačinke vlijemo v večjo skledo.

d) Pustite testo počivati 5 do 10 minut. To omogoči, da se vse sestavine združijo in testo dobi boljšo konsistenco.

e) Ponev ali rešetko, ki se ne sprijema, izdatno poškropite z rastlinskim oljem in segrejte na zmernem ognju.

f) Ko je ponev vroča, dodajte testo z merilno skodelico za $\frac{1}{4}$ skodelice in jo vlijte v ponev, da pripravite palačinke. Z merilno skodelico si pomagajte pri oblikovanju palačinke.

g) Pecite, dokler se stranice ne strdijo in na sredini ne nastanejo mehurčki (približno 2 do 3 minute), nato pa palačinko obrnite.

h) Ko je palačinka na tej strani pečena, palačinko odstavimo z ognja in položimo na krožnik.

i) Nadaljujte s temi koraki s preostalim delom testa.

94. Jagodne cheesecake palačinke

Sestavine:

- 1 skodelica pirine moke
- 2 žlici mešanice vanilijevega pudinga brez sladkorja
- $\frac{1}{2}$ čajne žličke pecilnega praška
- $\frac{1}{2}$ čajne žličke sode bikarbone
- $\frac{3}{4}$ skodelice navadnega grškega jogurta
- $\frac{1}{2}$ skodelice + 2 žlici 2% mleka z nizko vsebnostjo maščobe
- 1 veliko jajce
- 2 žlici javorjevega sirupa
- 1 skodelica na tanke rezine narezanih jagod

Navodila

a) V skledo dodajte moko, mešanico za puding, pecilni prašek in sodo bikarbono ter zmešajte.

b) V drugi skledi zmešajte jogurt, mleko, jajca in javorjev sirup, dokler se ne združijo.

c) Dodajte mokre sestavine k suhim sestavinam in mešajte, dokler se temeljito ne premeša.

d) Previdno vmešajte jagode.

e) Testo pustimo počivati 2 do 3 minute. To omogoči, da se vse sestavine združijo in testo dobi boljšo konsistenco.
f) Ponev ali rešetko, ki se ne sprijema, izdatno poškropite z rastlinskim oljem in segrejte na zmernem ognju.
g) Ko je ponev vroča, dodajte testo z merilno skodelico za ¼ skodelice in jo vlijte v ponev, da pripravite palačinke. Z merilno skodelico si pomagajte pri oblikovanju palačinke.
h) Pecite, dokler se stranice ne strdijo in na sredini ne nastanejo mehurčki (približno 2 do 3 minute), nato pa palačinko obrnite.
i) Ko je palačinka na tej strani pečena, palačinko odstavimo z ognja in položimo na krožnik.
j) Nadaljujte s temi koraki s preostalim delom testa.

95. Borovničeve palačinke

Sestavine:

- 1¾ skodelice staromodnega valjanega ovsa
- 1½ čajne žličke pecilnega praška
- 1 čajna žlička sode bikarbone
- ½ čajne žličke cimeta
- ¼ čajne žličke soli
- 1 veliko jajce
- 2 žlici kokosovega olja, stopljenega
- 1 žlica javorjevega sirupa
- 1 čajna žlička vanilijevega ekstrakta
- 1¼ skodelice 2% mleka z nizko vsebnostjo maščobe
- ½ skodelice borovnic

Navodila

a) Dodajte vse sestavine, razen borovnic, v mešalnik. Stopljeno kokosovo olje se lahko strdi v kombinaciji s hladnejšimi sestavinami, zato lahko mleko rahlo segrejete, da preprečite, da bi se to zgodilo, če želite.

b) Vse zmešajte v mešalniku, dokler ne dobite gladke tekočine.

c) Zmes za palačinke vlijemo v veliko skledo.

d) Previdno vmešamo borovnice.
e) Pustite testo počivati 5 do 10 minut. To omogoči, da se vse sestavine združijo in testo dobi boljšo konsistenco.
f) Ponev ali rešetko, ki se ne sprijema, izdatno poškropite z rastlinskim oljem in segrejte na zmernem ognju.
g) Ko je ponev vroča, dodajte testo z merilno skodelico za $\frac{1}{4}$ skodelice in jo vlijte v ponev, da pripravite palačinke. Z merilno skodelico si pomagajte pri oblikovanju palačinke.
h) Pecite, dokler se stranice ne strdijo in na sredini ne nastanejo mehurčki (približno 2 do 3 minute), nato pa palačinko obrnite.
i) Ko je palačinka na tej strani pečena, palačinko odstavimo z ognja in položimo na krožnik.
j) Nadaljujte s temi koraki s preostalim delom testa.

96. Jagodne bananine palačinke

Sestavine:

- 1 skodelica pirine moke
- ½ čajne žličke pecilnega praška
- ½ čajne žličke sode bikarbone
- ¾ skodelice navadnega grškega jogurta
- 1 zrela srednja banana, pretlačena
- ½ skodelice + 2 žlici 2% mleka z nizko vsebnostjo maščobe
- 1 veliko jajce
- 2 žlici javorjevega sirupa
- ¾ skodelice narezanih jagod

Navodila

a) V skledo dodajte moko, pecilni prašek in sodo bikarbono ter z metlico premešajte.

b) V drugi skledi zmešajte jogurt, pretlačeno banano, mleko, jajce in javorjev sirup, dokler se ne združijo.

c) Dodajte mokre sestavine k suhim sestavinam in mešajte, dokler se temeljito ne premeša.

d) Previdno vmešajte jagode.

e) Testo pustimo počivati 2 do 3 minute. To omogoči, da se vse sestavine združijo in testo dobi boljšo konsistenco.

f) Ponev ali rešetko, ki se ne sprijema, izdatno poškropite z rastlinskim oljem in segrejte na zmernem ognju.

g) Ko je ponev vroča, dodajte testo z merilno skodelico za $\frac{1}{4}$ skodelice in jo vlijte v ponev, da pripravite palačinke. Z merilno skodelico si pomagajte pri oblikovanju palačinke.

h) Pecite, dokler se stranice ne strdijo in na sredini ne nastanejo mehurčki (približno 2 do 3 minute), nato pa palačinko obrnite.

i) Ko je palačinka na tej strani pečena, palačinko odstavimo z ognja in položimo na krožnik.

j) Nadaljujte s temi koraki s preostalim delom testa.

97. Breskve in smetanove palačinke

Sestavine:

- 1¾ skodelice staromodnega valjanega ovsa
- 2 žlici mešanice vanilijevega pudinga brez sladkorja
- 1½ čajne žličke pecilnega praška
- 1 čajna žlička sode bikarbone
- ½ čajne žličke cimeta
- ¼ čajne žličke soli
- 1 žlica masla, stopljenega
- 1 veliko jajce
- ¼ skodelice 2% mleka z nizko vsebnostjo maščobe
- 1 čajna žlička vanilijevega ekstrakta
- 2 skodelici olupljenih in narezanih breskev (če uporabljate zamrznjene breskve, jih najprej odmrznite)

Navodila

a) Dodajte vse sestavine v mešalnik.
b) Vse zmešajte v mešalniku, dokler ne dobite gladke tekočine.
c) Maso za palačinke vlijemo v večjo skledo.
d) Pustite testo počivati 5 do 10 minut. To omogoči, da se vse sestavine združijo in testo dobi boljšo konsistenco.

e) Ponev ali rešetko, ki se ne sprijema, izdatno poškropite z rastlinskim oljem in segrejte na srednje nizkem ognju.

f) Ko je ponev vroča, dodajte testo z merilno skodelico za $\frac{1}{4}$ skodelice in jo vlijte v ponev, da pripravite palačinke. Z merilno skodelico si pomagajte pri oblikovanju palačinke.

g) Pecite, dokler se stranice ne strdijo in na sredini ne nastanejo mehurčki (približno 2 do 3 minute), nato pa palačinko obrnite.

h) Ko je palačinka na tej strani pečena, palačinko odstavimo z ognja in položimo na krožnik.

i) Nadaljujte s temi koraki s preostalim delom testa.

98. Palačinke iz bananinega kruha

Sestavine:

- 1 skodelica pirine moke
- ½ čajne žličke pecilnega praška
- ½ čajne žličke sode bikarbone
- ¾ skodelice navadnega grškega jogurta
- 1 zrela srednja banana, pretlačena
- ½ skodelice + 2 žlici 2% mleka z nizko vsebnostjo maščobe
- 1 veliko jajce
- 2 žlici javorjevega sirupa

Navodila

a) V skledo dodajte moko, pecilni prašek in sodo bikarbono ter z metlico premešajte.

b) V drugi skledi zmešajte jogurt, pretlačeno banano, mleko, jajce in javorjev sirup, dokler se ne združijo.

c) Dodajte mokre sestavine k suhim sestavinam in mešajte, dokler se ne združi.

d) Testo pustimo počivati 2 do 3 minute. To omogoči, da se vse sestavine združijo in testo dobi boljšo konsistenco.

e) Ponev ali rešetko, ki se ne sprijema, izdatno poškropite z rastlinskim oljem in segrejte na zmernem ognju.

f) Ko je ponev vroča, dodajte testo z merilno skodelico za $\frac{1}{4}$ skodelice in jo vlijte v ponev, da pripravite palačinke. Z merilno skodelico si pomagajte pri oblikovanju palačinke.

g) Pecite, dokler se stranice ne strdijo in na sredini ne nastanejo mehurčki (približno 2 do 3 minute), nato pa palačinko obrnite.

h) Ko je palačinka na tej strani pečena, palačinko odstavimo z ognja in položimo na krožnik.

i) Nadaljujte s temi koraki s preostalim delom testa.

99. Tropske palačinke

Sestavine:
- 1¾ skodelice staromodnega valjanega ovsa
- 1½ čajne žličke pecilnega praška
- 1 čajna žlička sode bikarbone
- ½ čajne žličke cimeta
- ¼ čajne žličke soli
- 1 zrela srednja banana, pretlačena
- 2 žlici kokosovega olja, stopljenega
- 1 žlica javorjevega sirupa
- 1 veliko jajce
- 1 čajna žlička vanilijevega ekstrakta
- ¾ skodelice 2% mleka z nizko vsebnostjo maščobe
- ½ skodelice polnomastnega kokosovega mleka v pločevinki
- ½ skodelice na kocke narezanega ananasa (če uporabljate zamrznjenega, se prepričajte, da je bil odmrznjen)
- ½ skodelice drobno narezanega manga (če uporabljate zamrznjenega, se prepričajte, da je bil odmrznjen)

Navodila

a) Dodajte vse sestavine, razen ananasa in manga, v mešalnik. Stopljeno kokosovo olje se lahko strdi v kombinaciji s hladnejšimi sestavinami, zato lahko mleko rahlo segrejete, da preprečite, da bi se to zgodilo, če želite.

b) Mešajte mešanico v mešalniku, dokler ne dobite gladke tekočine.
c) Maso za palačinke vlijemo v večjo skledo.
d) Vmešajte ananas in mango.
e) Pustite testo počivati 5 do 10 minut. To omogoči, da se vse sestavine združijo in testo dobi boljšo konsistenco.
f) Ponev ali rešetko, ki se ne sprijema, izdatno poškropite z rastlinskim oljem in segrejte na srednje nizkem ognju.
g) Ko je ponev vroča, dodajte testo z merilno skodelico za $\frac{1}{4}$ skodelice in jo vlijte v ponev, da pripravite palačinke. Z merilno skodelico si pomagajte pri oblikovanju palačinke.
h) Pecite, dokler se stranice ne strdijo in na sredini ne nastanejo mehurčki (približno 2 do 3 minute), nato pa palačinko obrnite.

i) Ko je palačinka na tej strani pečena, palačinko odstavimo z ognja in položimo na krožnik.

100. Popolne palačinke

Dobitek: 4-6 obrokov

Sestavine:

- 1 ½ skodelice večnamenske moke
- 3 ½ žličke pecilnega praška
- ½ čajne žličke soli
- 1 žlica sladkorja
- 1 ¼ skodelice mleka
- 1 jajce
- 3 žlice masla, stopljenega (neobvezno)

Navodila

a) V večjo skledo presejemo moko, pecilni prašek, sol in sladkor.

b) Na sredini naredimo vdolbino, vanjo vlijemo mleko, jajce in stopljeno maslo; zmešajte z vilicami ali metlico do gladkega.

c) Segrejte rešetko ali veliko ponev na srednje močnem ognju (mrežo sem nastavil na 375 °F).

d) Za vsako palačinko nalijte ali zajemite $\frac{1}{4}$ skodelice testa. Počakajte, da nastanejo mehurčki, da se obrnejo.

e) Zarumenimo še na drugi strani in postrežemo z maslom in borovničevim sirupom.

ZAKLJUČEK

Nekateri recepti v tej knjigi pripravijo štiri porcije palačink. Če ne boste hranili toliko ljudi, brez skrbi – palačinke lahko zamrznete za pozneje. Samo palačinke naredite kot običajno. Pustite, da se popolnoma ohladijo, nato pa jih položite med kose povoščenega papirja. Palačinke potisnite v vrečko z zadrgo in jih postavite v zamrzovalnik. Za ponovno ogrevanje lahko naredite nekaj stvari. Lahko jih pustite, da se odmrznejo, nato pa jih segrejete v ponvi ali pa zamrznjene palačinke za minuto postavite v mikrovalovno pečico. Samo ne pozabite odstraniti povoščenega papirja, ne glede na to, katero metodo uporabljate. Če obstaja preliv, ki ustreza receptu za palačinke, ki jih zamrzujete, lahko pripravite preliv in ga hranite v hladilniku do enega tedna. V nasprotnem primeru boste morali pripraviti svež preliv, ko boste palačinke pogrevali.